HULIANWANG SHIDAI

DIANZISHANGWU FAZHAN

YU CHUANGXIN TANSUO

0 1 2 3 4

互联网时代

电子商务发展与创新探索

杨晶晶 ◎ 著

哈尔滨出版社

HARBIN PUBLISHING HOUSE

图书在版编目（CIP）数据

互联网时代电子商务发展与创新探索 / 杨晶晶著.
哈尔滨：哈尔滨出版社, 2025. 4. -- ISBN 978-7-5484-
8479-0

Ⅰ. F724.6

中国国家版本馆CIP数据核字第2025WW3710号

书　　名：**互联网时代电子商务发展与创新探索**
HULIANWANG SHIDAI DIANZISHANGWU FAZHAN YU CHUANGXIN TANSUO

作　　者：杨晶晶　著

责任编辑：李金秋

装帧设计：百悦兰堂
　　　　　　〔BAIYUE LANTANG〕

出版发行：哈尔滨出版社（Harbin Publishing House）

社　　址：哈尔滨市香坊区泰山路82-9号　　邮编：150090

经　　销：全国新华书店

印　　刷：北京鑫益晖印刷有限公司

网　　址：www.hrbcbs.com

E-mail：hrbcbs@yeah.net

编辑版权热线：（0451）87900271　87900272

销售热线：（0451）87900202　87900203

开　　本：787mm×1092mm　1/16　印张：12.25　字数：180千字

版　　次：2025年4月第1版

印　　次：2025年4月第1次印刷

书　　号：ISBN 978-7-5484-8479-0

定　　价：48.00元

凡购本社图书发现印装错误，请与本社印制部联系调换。

服务热线：（0451）87900279

前　言

随着信息技术的飞速进步，互联网已成为现代社会中不可或缺的基础设施，其影响力已经远远超越了简单的信息传输和交流平台本身。在这一时代背景下，电子商务应运而生并迅速崛起，以其独特的商业模式和便捷的服务体验，成为推动全球经济一体化的重要力量。电子商务从最初的 B2B 和 B2C 模式起步，逐渐扩展至 C2C、O2O 等多种新兴模式，这些模式不断创新和融合，极大地丰富了电子商务的内涵和外延。它不仅改变了传统商业的运营逻辑，还重新定义消费者的购物习惯，使得商品交易不再受地域和时间的限制，实现全天候、全球化的市场覆盖。在此背景下，深入探索和研究电子商务的发展与创新，不仅对于推动电子商务行业的持续健康发展具有重要意义，也为全球经济的新一轮增长提供强大动力。

本书致力于全面而深入地探讨互联网时代电子商务的理论基础、技术支撑、物流发展、跨境电商以及创新业态等多个维度。第一章是互联网时代电子商务的理论综述，阐述电子商务的内涵及分类、电子商务的常见模式、电子商务相关的经济学理论、互联网发展及其对电子商务的影响；第二章则着重探讨互联网时代电子商务发展的技术支撑，涵盖电子商务的网络技术基础、电子商务的数据库技术、电子商务的安全技术、电子商务的新兴技术应用；第三章专门研究互联网时代电子商务物流的发展探究，包括物流与电子商务物流的基本分析、互联网给电子商务物流带来的改变、互联网时代电子商务物流的发展策略、电子商务物流模式创新及其智能化发展；第四章探索互联网时代跨境电商发展与创新构建，涉及跨境电商的特征及其分类、互联网时代跨境电商发展的SWOT分析、互联网时代跨境电商发展的有效路径探索、互联网时代跨境电商生态圈的创新构建；第五章聚焦于互联网时代电子商务发展的创新业态，分别对互联网时代新零售的商业模式、互联网时代社交电子商务及发展前景、互联网时代移动电子商务的营销模式、互联网时代直播电子商务及发展路径进行深入探讨。

本书旨在为读者提供一个全面了解电子商务的视角，为学术界的研究人员、商业领域的企业家以及政策制定者们构建一个全面且深入的研究平台。通过深入阅读本书，读者不仅能够系统地梳理和理解电子商务的理论框架，还能够了解电子商务在技术进步、物流优化、跨境交易以及创新业态等多个方面的发展现状与未来趋势。本书不仅是一本学术研究的参考书，也是一本实践指导手册，旨在为读者提供全面、深入的电子商务知识，帮助他们在电子商务领域取得成功。

目　录

第一章　互联网时代电子商务的理论综述

在数字化浪潮席卷全球的当下，电子商务已成为推动商业变革与全球经济重构的关键力量。本章将引领读者步入电子商务的广阔领域，首先系统阐述电子商务的内涵及其多样化的分类，为读者构建起对电子商务的基本认知框架。紧接着，通过剖析电子商务的常见模式，从 B2B 到 C2C，展现每种模式背后独特的商业逻辑与市场潜力。随后，将深入探讨与电子商务紧密相关的经济学理论，揭示其背后的经济规律与市场驱动力。最后，将着重分析互联网技术的飞速发展对电子商务产生的深远影响，探讨技术革新如何持续推动电子商务边界的拓展，以及这一过程中所面临的挑战与蕴藏的机遇。

第一节　电子商务的内涵及分类

一、电子商务的定义

电子商务是以商务活动为主体，以计算机网络为基础，以电子化方式为手段，在法律许可范围内所进行的商务活动过程。电子商务是一种存在于企业与企业之间、企业与客户之间、客户与客户之间的一种联系网络，它贯穿于企业行为的全过程。也就是说，电子商务是指从售前服务到售后支持的整个商务或贸易活动各环节中的电子化、自动化。电子商务包括各种各样的产品（如消费品、医疗设备等）和各种各样的服务（如信息服务、财经服务、法律服务、医疗服务、协同工程设计等），也包括传统概念的电子数据交换服务（如传统EDI服务等）和全新概念的服务内容（如虚拟商店和电子出版物的发行等），从这个意义上讲，现在已流行的电话购物、电视购物以及超级市场中使用的POS（Point of Sale）系统和售货终端机都可以归入电子商务的范围。

二、电子商务的发展

电子商务的历史可以追溯到19世纪30年代电报技术、19世纪70年代电话技术的发明及其商业应用。但无论电报、电话技术如何普及和提高，也无论后来的自动传真技术如何推广应用，它们都难以方便、快捷地对大量商务数据进行传递、存储和处理。20世纪中叶以后，随着数字化信息技术革命的兴起，计算机技术和通信技术日新月异，20世纪70年代出现了电子数据交换（EDI），这种用于商业目的的数字化通信方式构成电子商务的雏形。EDI通过封闭的专用增值网连接封闭的用户团体或贸易伙伴，并使用交易双方必须购置的专用软件，由此形成数量有限、关系确定的贸易伙伴之间的内部交易。它虽然具有较高的安全性和可靠性，但开放程度低、标准复杂、实施成本高，因而即使在美国也只有少数有实力的大企业使用它。

20 世纪 90 年代对公众开放的互联网，为电子商务提供了一种简单、易行和高效的实现方式。另外，商贸领域不断增长的供货能力、客户需求以及经济全球化的变化趋势，极大地刺激了对电子商务的实际需求。于是，基于互联网的电子商务应运而生。互联网电子商务不仅可以从根本上解决 EDI 通用性差和成本高等问题，而且还能够实现实时、交互和多媒体的商务信息传输方式。所以正是互联网电子商务的提升和拓展，为网络经济形态的形成在技术上提供了现实可能性，或者说创造了一个成熟的技术平台。

就互联网电子商务自身的发展而言，其初级阶段在概念上只能对应一种狭义的电子商务，它是指通过互联网进行的商业交易活动，包括网上广告、订货、付款以及相应的货物配送和客户服务等。这种电子商务实质上就是电子交易，它的范围仅限于传统商业流程的电子化、网络化。而其高级阶段在概念上则对应一种广义的电子商务，它是指利用互联网重塑各类业务流程，使它们实现电子化、网络化的运营方式。值得注意的是，在后一种电子商务中，"商务"一词涵盖了贸易、经营、管理、服务和消费等各个业务领域。显然，广义的电子商务的主体是多元化的，功能是全方位的，它涉及社会经济活动的各个层面，并构成了一个庞大的交流和交易系统，而驱动网络经济并对整个国家经济产生重大影响的正是这种广义的电子商务。

中国的电子商务发展从 1998 年开始，之后取得迅猛的发展，掀起了一股电子商务的热潮。与此同时，国家相关的信息主管部门也开始研究制定中国电子商务发展的有关政策法规，在法律法规、标准规范、支付、安全可靠和信息设施等方面总结经验，为电子商务发展提供安全保证，使得电子商务开始了真正的实用阶段。

在这个过程中，中国的电子商务模式也在不断地发生变化，从最早的以网络广告推介为主的门户网站模式开始，逐步发展建立起各类 B2C、C2C、B2B 等商业模式。中国目前主要的电子商务平台包括当当、淘宝、慧聪、环球资源和阿里巴巴（1688）等，基本代表了当前国内电子商务存在的主要模式。细分起来，当当是类似网上超市的模式，应该属于 B2C 模式；淘宝是以个人商铺和拍卖为主导，应该属于 C2C 模式；慧聪和环球资源是比较典型的中小企业间的交易平台，属于 B2B 模式；而阿里巴巴（1688）则范围更广，综合性较强。另外，国内还存在部分专业性质的交易网站，比如家电业中的海尔等建立的专业类型的交易平台。

总的来说，我国的电子商务发展是处于上升的趋势，发展速度较快，整体发展态势较好。

三、电子商务的特点

与传统商业形式相比，电子商务具有以下特点：

（一）降低费用：开辟成本节约新路径

电子商务的低费用特性，是其相对于传统商业模式最直观也是最具吸引力的优势之一。在互联网的广阔舞台上，信息的传递不再依赖于纸质媒介，而是以光速在虚拟空间中穿梭，这不仅极大地降低了印刷和快递成本，还从根本上颠覆了传统商业对于实体店面的依赖，使电子商务企业不需要承担高昂的店面租金、水电费及人力成本，能够将这些节省下来的资金投入到产品研发、市场营销等更具增值潜力的领域，从而提升了整体运营效率。

此外，电子商务还通过优化供应链管理，有效减少了库存积压和商品往返运输所带来的损耗。借助先进的数据分析技术，企业能够精准预测市场需求，实现按需生产、快速响应，大大降低库存成本。同时，电子商务平台上的即时交易功能，使得买卖双方不需要面对面交易，减少了多次商业谈判所需的差旅费用，进一步压缩了运营成本，为企业和消费者双方带来了实实在在的利益。

（二）高效率：重塑商业流程新速度

电子商务的高效性，是其区别于传统商业模式的又一显著特征。在电子化与数字化的商业流程中，电子流取代了传统的实物流转，成为商业活动的核心驱动力。这一转变，不仅极大地减少了人力和物力的消耗，还打破地理和时间的界限，使得商业活动不再受限于固定的营业时间和物理空间，消费者可以随时随地通过互联网访问企业门户网站，查询产品信息，进行在线咨询，甚至直接下单购买，享受即刻服务的便利。

对于企业而言，电子商务的高效性还体现在内部管理的优化上。通过集成化的信息管理系统，企业能够实现订单处理、库存管理、物流配送等环节的自动化和智能化，显著提高运营效率，缩短产品从生产到消费者手中的时间周期。这种高效、快捷的商业模式，不仅提升了企业的市场竞争力，也极大地满足了现代消费者对于速度和服务质量的双重需求。

（三）交互性：构建消费关系新生态

在电子商务的环境下，交互性成为连接企业与消费者之间的桥梁，也是电子商务区别于传统商业模式的重要特征。通过互联网，企业之间可以轻松地进行信息交流、商务谈判和合同签订，极大地简化了合作流程，降低沟通成本。同时，消费者也获得了前所未有的参与感和话语权，他们可以通过论坛、电子邮件、即时聊天工具等多种渠道，直接向企业或商户反馈意见和建议，参与到产品改进和服务优化的过程中来。

这种高度的交互性，不仅促进了企业与消费者之间的良性互动，还为企业提供了宝贵的市场洞察和消费者行为数据。通过对这些数据的深度分析，企业能够更准确地把握市场需求，及时调整产品策略和服务模式，实现个性化定制和精准营销，从而在激烈的市场竞争中脱颖而出。电子商务的交互性，不仅重塑了消费关系，更构建了一个以消费者为中心、注重体验和服务的新型商业生态。

四、电子商务的功能

广告宣传：通过企业的网络服务和客户浏览，电子商务可以在互联网上传播各种商业信息。消费者可以利用在线搜索工具快速找到他们需要的商品信息，同时商家可以通过他们的网站首页和电子邮件在全球范围内进行广告推广。广告形式的丰富多彩，已经远远超过传统的广告，同时，由于互联网的互动性和直接性，因此在传播方式上，与传统报纸、无线广播等媒介相比有着显著的优越性。

咨询洽谈：利用电子邮件互动功能，实现网上订货。网上购买通常会在商品简介页提供方便下单的小贴士。顾客完成订单后，就会收到系统发送的确认信息，以确保订购信息已被收到。购买信息也可以采取加密的方法，确保顾客与商家的商业数据得以保密。

网上支付：顾客可以使用信用卡账号与商家结算。在支付过程中，为了避免出现欺诈、窃听、盗用等违法行为，必须加强数据传输的安全性。

电子账户：网上付款离不开数码融资，也就是由银行、信用卡企业以及保险企业来提供网上理财服务。其中，电子账户以信用卡号和银行账号为基本特征，对其进行系统管理。此外，可利用数字证书、数字签名、加密等技术措施来确保电子账户的可信度，这些措施有助于增强电子账户操作的安全性和可靠性。

服务传递：对那些已经完成付款的客户，要确保他们所订购的商品能够迅速而准确地送达。由于一些货物在不同的地区，通过电子邮件系统可以有效地在网络上协调和优化物流过程。特别是对那些适合网上直接传递的信息产品，例如软件应用、电子书籍以及各种在线信息服务，这些产品仅仅借助互联网平台就能直接发送给用户，无须经历烦琐的物流流程。这样不仅缩短了顾客等待的时间，也提升用户体验，使其更加便捷地获取所需信息和服务。

意见征询：通过选取网站和填写表格等方式，电子商务系统可以搜集到客户对营销服务的评价意见，从而能够在企业的营销运作中构成服务闭环。顾客的回馈意见，不但可以完善售后服务环节，还可以更好地改进企业的商品质量，激发企业的市场潜力。

交易管理：交易管理涉及人员、资金和材料等各个领域，也涉及企业与企业、企业与顾客以及企业内部之间的合作。所以，交易管理就是对企业的经营行为进行全面管理。在电子商务的发展过程中，它将提供一个具有良好业务处理能力的网络环境以及能够支持多种业务的系统，保障电子商务获得更广泛的应用。

五、电子商务的组成要素

电子商务的交易活动通常包括三个方面，即信息流、资金流和物流。

（一）信息流

信息流涉及数据的收集、传输和处理。具体而言，信息流在企业的运营中可以分为两种类型：纵向信息流和水平信息流。

1. 纵向信息流

纵向信息流指的是在企业内部各个部门之间的信息传递和处理。这种信息流主要包括生产、库存、销售、财务、客户服务等部门之间的沟通与协调。例如，销售部门把客户订单数据传递给库存部门，库存部门根据订单信息准备货物，财务部门在交易完成后进行结算。这种纵向的信息流动确保了企业内部各项工作的有效衔接与配合，使得整个企业的运营流程得以顺利运转。

2. 水平信息流

水平信息流则是在企业与外部环境之间进行的信息交换，主要是企业与供应商、客户以及政府管理机构之间的信息流动。在电子商务中，供应商与企业之间的水平信息流通常包括商品供给、价格变动、库存情况等信息，而企业与客户之间的交流则更多涉及产品介绍、营销活动、售后服务等信息。此外，企业还需要与政府管理机构保持信息流动，确保遵守相关法律法规，完成税务申报、认证等合规事项。

信息流的高效传递和处理对于电子商务的顺利进行至关重要。信息流的滞后或失真往往会导致产品供应链的中断、客户服务的延迟，甚至影响到整个电子商务平台的信誉。因此，构建完善的信息流系统，并依靠现代信息技术，如云计算、大数据、人工智能等来提升信息流的精准性与实时性，是电子商务企业不可忽视的重要任务。

（二）资金流

资金流是指在电子商务交易过程中，消费者支付款项与商家收款之间的资金移动过程。这个过程涉及多个环节，包括支付、转账、结算等。资金流不仅是电子商务交易完成的必要条件，也是企业盈利模式的核心。

1. 支付环节

在电子商务交易中，支付环节通常是消费者与商家之间资金流动的起点。随着科技的发展，支付方式也变得日趋多样，除了传统的银行转账、现金支付之外，移动支付、在线支付等现代支付手段已经成为主流。消费者通过第三方支付平台（如支付宝、微信支付等）完成支付后，支付平台会将资金转移到商家的账户中。支付环节的安全性和便捷性对消费者的购物体验至关重要，因此，电子商务平台需要采用先进的加密技术和支付认证机制，确保交易的安全性与可靠性。

2. 转账与结算环节

在支付完成后，商家通常需要将资金转账至自己的银行账户，并进行进一步的财务结算。这一环节涉及银行、支付平台、商家等多方的协调。资金流动的时效性和准确性对于商家的资金周转和运营至关重要，因此，电子商务企业需要建立高效的财务管理体系，确保资金的及时到位和正确核算。

资金流的顺畅运作直接关系到电子商务平台的财务稳定与商业成功。随着跨境电商的兴起，国际支付和结算也成为一个不可忽视的环节。如何处理跨国交易中的汇率风险、税务合规等问题，成为全球电子商务平台面临的共同挑战。

（三）物流

物流指的是商品在交易过程中从商家到消费者的配送过程。随着电子商务的快速发展，物流已经成为电商企业竞争力的重要体现，物流效率的高低直接影响到消费者的满意度和企业的运营成本。

1. 仓储与分拣

在物流过程中，仓储是物流的起点。商品从供应商处收到商家仓库后，需要进行分类、分拣、包装等操作，以便于后续的配送工作。随着订单量的增加，现代化仓储管理系统（如自动化仓库、智能分拣系统等）的应用已成为电商企业提升物流效率、降低成本的重要手段。通过数据分析和预测，商家可以根据消费者需求的变化，合理规划库存，减少积压和缺货的情况。

2. 配送与运输

商品从仓库发出后，需要经过运输和配送环节才能到达消费者手中。现代物流不仅指传统的快递企业进行配送，还包括第三方物流平台、电商自建物流等多种模式。随着"最后一公里"配送问题的凸显，越来越多的电商平台开始尝试创新物流方式，如无人机配送、无人车配送等新兴技术，力求提高物流效率，降低配送成本。同时，物流的时效性和可追踪性也成为消费者选购商品时的重要考虑因素，消费者希望能够实时了解包裹的配送进程，确保商品能够按时、安全地送达。

3. 售后与退换货

物流不仅包括商品的配送，还涵盖售后服务，尤其是退换货环节。在电子商务交易中，消费者由于商品不符、质量问题等原因可能会要求退货或换货。这一过程中，物流环节的高效性和服务质量对维护消费者权益和提升品牌形象至关重要。商家需要建立完善的退换货政策和物流体系，确保消费者能够便捷地退换商品，并能够及时收到退款或更换商品。

六、电子商务的分类

电子商务作为一种新型的商业模式，随着互联网技术的快速发展，其分类方式也日益丰富多样。根据不同的标准，可以将电子商务划分为多种类型，以便于更好地理解和应用。

（一）根据交易内容分类

按交易内容可以分为有形商品电子商务和无形商品电子商务两大类。

有形商品电子商务：有形商品电子商务涉及实体商品的在线交易活动。该类型的电子商务通过互联网平台，使得消费者能够在线上直接购买到各类实体商品，包括衣物、电子产品、家居用品等。有形商品电子商务的发展显著拓展了消费者的购物渠道，打破了地域限制，并为商家开辟了更为广阔的市场空间。此类电子商务通常涵盖商品展示、在线支付、物流配送等多个环节，尽管交易过程较为复杂，但得益于物流技术的不断提升和电子商务平台的持续优化，有形商品电子商务已逐步成为日常生活的重要组成部分。

无形商品电子商务：无形商品电子商务涉及服务、软件、音乐、视频等非实体商品的在线交易。与有形商品不同，无形商品往往以数字形式存在，通过互联网进行传输和交付。例如，消费者可以在线购买音乐、电子书、软件授权等无形商品。这类电子商务的交易过程相对简单，通常只需完成在线支付后，即可通过下载或在线使用的方式获得商品。无形商品电子商务的发展不仅丰富了消费者的选择，也为内容创作者和服务提供商提供了新的盈利渠道。

（二）根据交易过程分类

根据交易过程的不同，电子商务可以分为完全电子商务和不完全电子商务两大类。

1. 完全电子商务

完全电子商务是指整个商品或服务的交易流程，从信息浏览、选择、下单、支付到最终的交货或服务提供，全部在网络的虚拟空间中完成。这一模式的典型代表是数字化商品和服务的交易，如电子书、音乐下载、在线软件订阅、云服务、远程教育课程等。由于这些商品和服务本身就以数字形式存在，不需要物理交付，因此完全电子商务得以实现从浏览到消费的全链条数字化，极大地提升了交易效率与便捷性。

完全电子商务的兴起，得益于互联网技术的飞速发展和电子商务平台的不断创新。高速网络、安全的支付系统、智能化的物流解决方案以及强大的数据处理能力，共同构建了支撑完全电子商务高效运行的底层架构。对于消费者而言，这意味着无论何时何地，只需轻点屏幕，即可获取全世界范围内的数字商品和服务，享受即时满足的购物体验。而对于商家来说，完全电子商务降低了传统零售模式下的库存压力、物流成本和时间延迟，使得业务扩张更加灵活高效。

2. 不完全电子商务

不完全电子商务是指交易过程中的某些环节在线上完成，而其他关键环节则依赖线下资源或实体交互来实现。这类电子商务模式广泛应用于实体商品的交易，如在线购物平台上的商品选购与支付，但最终的商品交付需通过物流配送或消费者自行到店提取；又如在线预订餐厅、酒店服务，虽然预订过程在线上进行，但服务体验和消费行为则发生在实体场所。

不完全电子商务的兴起，反映了电子商务与实体经济深度融合的趋势。它充分利用了互联网的信息传递效率与实体服务的体验优势，为消费者提供了更加丰富多元、灵活便捷的购物选择。对于商家而言，不完全电子商务模式既能够借助网络平台扩大市场覆盖范围，吸引更多潜在客户，又能够通过线下服务提升顾客满意度和品牌忠诚度，实现线上线下的互补与共赢。

不完全电子商务的成功，同样离不开技术进步的支撑。例如，智能物流系统的应用提高了配送效率，减少了物流成本；移动支付和在线预订系统的普及，使得线上线下支付更加便捷安全；大数据和人工智能技术的应用，则帮助商家更精准地分析消费者行为，优化商品结构和服务流程。

（三）根据服务类型分类

根据服务类型的不同，电子商务可以分为零售电子商务、批发电子商务和服务电子商务三大类。

零售电子商务：零售电子商务主要针对个人消费者提供零售服务。这类电子商务通过在线商店、电商平台等渠道，使消费者能够方便地购买到各种商品和服务。零售电子商务的发展极大地丰富了消费者的购物选择，同时也为商家提供了更广阔的市场空间。

批发电子商务：批发电子商务主要针对企业或商家提供批量销售服务。这类电子商务通常涉及大宗商品的交易，如原材料、半成品、成品等。批发电子商务的发展有助于降低企业的采购成本，提高采购效率，同时也为供应商提供了更稳定的销售渠道。

服务电子商务：服务电子商务提供在线旅游、在线教育、在线医疗等服务。这类电子商务通过互联网平台，将传统服务业与互联网技术相结合，为消费者提供更加便捷、高效的服务体验。服务电子商务的发展不仅拓宽了服务业的市场空间，也为传统服务业的转型升级提供了新的机遇。

第二节　电子商务的常见模式

电子商务已经在全球范围内深刻改变了传统的商业交易形式。电子商务模式的发展，使人们的日常生活发生了改变，生活质量得到了提升，同时带来了极大的便利[①]。根据交易主体和交易流程的不同，电子商务可以分为多种模式，每种模式在实际应用中具有不同的特点和优势，适用于不同的市场需求与发展阶段。

一、B2B 模式

B2B（Business to Business）是指两个或更多的商业实体之间通过电子网络进行商品或服务的交易。在这种模式下，交易的主体主要是企业而非个人消费者。B2B 电子商务的典型表现形式包括企业采购、批发交易、供应链管理等。

B2B 模式特点包括交易对象相对固定，有助于规划和管理供应链；交易金额大，涉及大量商品的批发；交易操作规范，遵循严格标准和流程，降低风险并提高效率；交易过程复杂，涉及多个环节和部门协作；交易内容广泛，涵盖各种产品，不受消费者购买习惯限制。这种模式的核心优势在于其大宗交易和长期合作的特点，通常涉及大量商品的批发交易，且交易金额较大。

B2B 模式的盈利方式多样，包括会员费，提供会员专属服务；广告费，通过展示广告吸引用户；竞价排名，提高企业曝光率；线下服务，如展览会等，增强用户黏性；商务合作，与各方资源共享、互利共赢；以及按询盘付费，根

[①]　郭辰希.基于分类的企业电子商务模式创新方法[J].内蒙古煤炭经济,2021,（06）：85-86.

据有效询盘数量计费。这些盈利方式推动了 B2B 电子商务持续健康发展。

二、B2C 模式

B2C（Business to Consumer）是企业通过互联网平台，将产品和服务直接销售给消费者的商业零售模式。B2C（企业对消费者）模式在电子商务中占据重要地位，其优势显著。首先，B2C 模式能够直接面向广大消费者，市场潜力巨大。企业可以通过平台直接展示和销售产品，消费者则能享受到便捷的在线购物体验。其次，B2C 模式有助于企业树立品牌形象，提升知名度。通过统一的在线平台，企业可以精心打造品牌故事，传递品牌价值，吸引更多消费者关注。最后，B2C 模式还能实现个性化营销，根据消费者行为数据进行精准推荐，提高转化率和客户满意度。这些优势使得 B2C 模式成为电子商务领域中的一大亮点，为企业和消费者双方带来诸多益处。

B2C 服务的关键在于以客户为核心，满足消费者的需求。B2C 模式主要通过产品销售获得收入，包括收取店铺租赁费、交易费和加盟费。自主销售网站则侧重于降低运营成本。网络广告也是重要收益来源，通过免费商品吸引用户，提高广告价值。此外，会员费也是增加收入的方式之一，通过提供便捷服务和信息保障吸引付费会员。网站间接收益，如支付和物流服务，也是盈利手段，尽管物流运营压力大，对初创企业构成挑战。

三、B2B2C 模式

B2B2C（Business to Business to Customer）指的是电商服务提供者，其在对产品、服务和消费者终端进行统一的管理和运作的过程中，起到了连接供应商和消费者的作用，努力为供应商和消费者提供最好的服务体验。该模式中，第一个"B"表示的是提供各种产品或服务的供应商；第二个"B"和"C"指的是以"B"为基础建立起来的统一电商平台上的最终消费者群体。B2B2C 是对传统 B2B 和 B2C 的一种创新和升级，电子商务企业在这种模式下，可以为供应商和消费者提供统一和高效率的服务。

B2B2C 电商模式可以分为两种：第一种是价格对比型购物方式，也就是通过对网络上许多商家的产品的价格进行全面的分析和比较，来帮助消费者找到价格最优的产品。第二种是网站对比型购物方式，也就是 B2B2C 网站对网络商家进行严格的筛选，将口碑好的网络商户推荐给消费者，消费者在购买商品时也能得到一定的折扣。这两种 B2B2C 电商模式的侧重点虽然有所区别，前者更注重价格的对比，而后者更注重的是商家的品牌声誉和服务品质，但都是为了给消费者提供更方便、更好的购物体验。

四、B2G 模式

B2G（Business to Government）是指企业和政府部门之间进行的电子商务行为。在 B2G 模式中，政府通过国际互联网公布采购详情，在网络上进行公开招标，企业则在网络上参与竞标。因为 B2G 是政府进行的一种电子商务，它的主要作用是提高政府采购的效率，并没有盈利，所以它没有对整个电子商务产业产生冲击。

B2G 是一种以效率高、速度快、信息量大为特征的企业和政府间的信息交流平台。企业可以通过这一平台，及时掌握政府的动态，同时该平台也有利于提高政府工作的透明度与公开性。中国的采购与招标网就是 B2G 模式的一个典型应用范例。

在此基础上，政府可以更加公开、透明、高效、廉洁地完成招标工作。同时，B2G 模式也使得政府可以更好地发挥宏观调控、规范引导、监督管理等功能，并借助互联网平台进行更及时和全面的信息采集和决策。在这一过程中，政府既是促进者，又是经营者，同时也是规制市场的重要力量。通过 B2G 模式，政府可以在网络上建立起一个良好的形象，起到示范作用，促进电子商务健康发展。同时，通过 B2G 模式，可以实现对企业的进出口许可、统计等方面的行政管理，从而提高政务服务的效率与品质。

五、B2M 模式

B2M（Business to Marketing）是一种以市场为导向，以顾客需求为中心，建立销售网站的商业模式。B2M 电子商务企业通过线上、线下等方式来广泛宣传销售网站，规范导购管理，使销售网站成为企业的核心营销渠道。

B2M 模式将重点更多地放在了对线上营销的深入研究上，从而使企业的网上营销渠道得到拓展。B2M 电子商务平台主要作用是建立专业化的网络营销平台，该平台通过深入接触市场，进行主动开发市场发展战略，使其在目标市场上的影响力进一步增强。这种模式利用互联网为企业开拓了新的经济增长点，对企业的可持续发展起到了很大的促进作用。

B2M 模式与 B2B、B2C、C2C 相比，其针对的顾客群有着根本的不同。后者的顾客群以消费者群体为主，而 B2M 是以企业、产品销售者或他们的员工为顾客群。销售网站的"站长"为社区的消费者服务，消费者可以通过网站在线上预订，在线下进行交易，这样就可以解决消费者对于网络购物品质的担忧。另外，B2M 模式还有一个很大的优点就是它可以向线下扩展。在传统的 B2B、B2C、C2C 电子商务中，买卖双方都处于网络环境中，而 B2M 模式可以充分地把网上的产品和服务的信息导入线下，企业发布信息，管理者获得商务信息，然后向更多的人提供产品或服务。

六、C2C 模式

C2C（Customer to Customer）电商交易模式，指的是把"跳蚤市场"搬到互联网上，为广大消费者搭建一个"一对一"的买卖平台，使大量消费者在自愿的情况下，通过双方讨价还价，公开、公平、公正地进行投标，使所有消费者都能参加这个交易。其特征与农贸市场或旧货市场相似，但其组成元素除包含买方与卖方，还包含电商平台供应商，与农贸市场或跳蚤市场的场地管理者相似。

在 C2C 模式中，电商平台提供商起着关键的作用。C2C 电子商务模式的发展使参加交易的消费者越来越多，空间也越来越大，这就产生了最为现实的"一手交钱，一手交货"的交易。如淘宝等网络购物平台采用的都是这种模式。

C2C 模式的运作平台主要分为两种：一是拍卖平台运作模式，如淘宝，通过多媒体展示商品，让买家在线竞拍，平台仅提供资讯服务并向卖方收费，简化了传统拍卖的复杂流程。二是店铺平台运作模式，即电商企业为个体商户提供开设商铺的平台，采用会员制收费，并可能收取宣传费等其他费用。理想的网上商城应具备优良品牌形象、简便申请手续、先进后台技术、快捷周到服务、健全付款系统及售后服务保障等特点，同时还应具备大客流量、高超店铺管理和订单维护能力，以及推广服务和客流量分析服务，帮助店铺增加曝光率、优化营销策略，从而吸引更多消费者。

七、C2B 模式

C2B（Consumer to Business）更具革命性，即消费者对企业的集合竞价模式，又叫作团购模式，就是将零散的消费者及其购买需求聚合起来，形成较大批量的购买订单，从而可以得到厂商的批发价和较低的折扣价，商家也可以从大批量的订单中享受到薄利多销的优惠，因此对消费者与商家有双赢的好处。

C2B 以消费者需求为导向，以个性化的服务来满足消费者的个性化和多元化需要。作为 C2B 商业模式中的一种重要形式，团购在我国已被普遍采用。基于价格的团购、基于产品的团购和个性化定制是 C2B 商业模式发展的三个阶段。当前，我国大部分 C2B 电商平台仍停留在以价格为基础的团购模式，属于

C2B 模式发展的初级阶段。

在基于价格的团购阶段，消费者将注意力集中在价格因素上，并借助团购平台，以较低的价格购买自己需要的产品和服务。由于该模式可以有效地减少消费者的购物成本，因此，该模式在初始阶段就能吸引大批的消费者。但是，在日益激烈的市场竞争及日益多元化的消费需求下，单凭价格优势已很难对消费者产生持久的吸引力。由此产生基于产品的团购模式。在该阶段，各大团购平台都开始重视产品质量与个性，以高质量的商品来吸引消费者。消费者在购买产品和服务的时候，不仅要考虑价格，还要考虑其质量、功能、品牌。该模式可以更好地满足消费者的需要，提升消费者的购物体验。个性化定制是 C2B 商业模式发展到最高级的阶段。在该阶段团购平台针对不同用户的特定需求与喜好，为用户提供个性化的产品或服务。

八、O2O 模式

O2O（Online to Offline）电子商务模式是一种结合了线上和线下服务的商业模式，旨在通过互联网平台将消费者从线上引导到线下实体店铺或服务场所，完成交易或享受服务。O2O 模式对线下实体企业的资源进行了有效的整合，利用线上平台的优势，来提升实体店的销量。在这种模式下，通过建立线上和线下利益共同体，网络平台和实体店可以共享增值收益。这种模式最大的优点就是，不但可以将互联网的优势发挥出来，还可以对线下的资源进行深层次的挖掘，使线上的用户和线下的货物和服务之间顺畅对接。

O2O 模式的发展受多重因素影响：宏观环境方面，稳定的政治、快速增长的经济、科技进步、完善的法律环境及消费者文化认知均起关键作用。市场竞争中，O2O 市场潜力巨大，供需状况及实际收益前景广阔。经营管理方面，线下服务态度与质量、电商平台风险管理、商家声誉及人才储备至关重要。线下服务决定消费者满意度，风险管理保障支付安全，声誉影响市场地位，而技术人才与管理人才则分别支撑技术平台与挖掘模式潜力，共同推动 O2O 模式健康发展。

九、G2C 模式

G2C（Government to Citizen），也就是"电子政务"，是指通过电子网络平台，在政府和公众间进行的一种公共服务体系。在这一架构之下，政府向民众提供的是多元化的、涉及面广、影响范围广的服务。G2C 电子政务还努力拓宽群众对政治问题的参与途径，满足了群众的利益表达诉求，是政府和群众进行互动的电子平台，有利于推动双方深入交流。

G2C 建设的主要目的是推动社会公众和政府之间的有效交互和网上办事。特别是市民在电子政务平台上，可以方便地办理各种手续，例如许可证和证书的更新、税务申报等，G2C 不但提高了工作人员的工作效率，也减少了工作的难度。另外，G2C 模式通过网站扩大市民的资讯来源，加强市民对政务信息的了解程度。同时，G2C 服务也突破了传统的以部门为主的行政管理方式，降低了政府职能的重叠率，提高了服务的效率和便利性。一些提倡 G2C 的人甚至主张，推行电子政务应该以建设"一站式办公"平台为目标，向社会公众提供多任务集成服务网上服务，尤其是在多个部门协作的情况下，这种模式避免了公众单独与各个部门进行沟通的情况，从而简化并优化了办事流程。G2C 的另外一个潜在的优点是，它可以帮助人们超越时空的局限，促进民众的沟通和互动，从而提高民众参与政治的积极性，推动民主发展。

第三节　电子商务相关的经济学理论

一、长尾理论阐释

长尾理论，作为网络时代涌现的崭新理论框架，其核心论点在于：当商品存储、流通及展示的渠道趋于无限宽广，且生产成本与销售成本显著降低至个人生产成为可能之时，即便是以往看似微不足道的需求，亦能找到对应的消费市场。这些低需求、低销量的产品所累积的市场份额，足以与主流产品相抗衡，甚至超越之。

长尾市场，寓意为市场细分中的特定缝隙或未被充分满足的需求领域。企业通过对市场的深度细分，聚焦于特定目标市场或细分领域，通过提供专门化的产品和服务，以构建竞争优势。简而言之，长尾理论揭示了这样一个现象：在广阔的市场渠道支撑下，那些原本边缘化、需求不旺的产品所汇聚的市场份额，能够与传统热销产品相媲美，甚至超越之，体现了众多小市场汇聚而成的巨大市场潜力。

二、双螺旋理论解析

随着信息技术的蓬勃发展，知识社会逐渐成形，科技界越发认识到应用创新在技术创新过程中的核心作用。从科学的角度审视，技术创新并非简单的线性进程或单一的创新链条，而是一个复杂且多维度的系统工程。

技术创新与应用创新之间的相互作用，构成了一个独特的"双螺旋结构"，这一结构成为理解技术创新过程的关键。在这个结构中，技术进步作为一股强大的推动力，不断为应用创新提供新的技术基础和可能性。技术的进步不仅拓宽了应用的边界，还激发了新的应用需求和场景，为应用创新提供了广阔的舞台。同时，应用创新作为一股不可忽视的拉动力，通过不断挑战技术的极限，推动技术的进一步升级和优化。这种拉动作用不仅体现在对现有技术的改进上，更在于它能够引领技术发展的新方向，催生出一系列颠覆性的技术创新。

技术进步与应用创新之间的动态交互，是双螺旋结构得以持续演进的核心动力。在这一过程中，两者相互依存、相互促进，形成了一个良性循环。技术进步为应用创新提供了坚实的物质基础和技术支撑，使得应用创新能够得以实现并不断向更高层次发展。而应用创新则通过实践中的不断探索和尝试，为技术进步提供了宝贵的反馈和验证，推动技术的不断完善和进步。这种互补与互动的关系，不仅促进了创新主体之间的多元交互，还构建了一个充满活力、有利于创新涌现的生态系统。

在双螺旋结构的演进过程中，创新主体的多元化和要素的多样性起到了至关重要的作用。不同领域、不同背景的创新主体通过跨界合作，实现了知识和资源的共享与整合，为技术创新提供了丰富的素材和灵感。同时，各种创新要素的交织与融合，如资金、人才、信息、政策等，为技术创新的实现提供了有力的保障和支持。这些要素在双螺旋结构中的流动和配置，不仅促进了创新资源的优化配置，还推动了创新活动的持续进行。

当技术进步与应用创新达到高度融合时，便会催生出具有颠覆性的模式创新，成为行业发展的新热点。这种模式创新不仅改变了原有的行业格局，还引领了行业的发展方向，为整个社会带来了深远的变革。例如，互联网技术的快速发展与广泛应用，就催生了电子商务、移动支付等一系列颠覆性的模式创新，极大地改变了人们的生活方式和消费习惯。

三、信息不对称理论

信息不对称理论是指在市场经济活动中，各类人员对有关信息的了解是有差异的。掌握信息比较充分的人员，往往处于比较有利的地位，而信息贫乏的人员，则处于不利的地位。这一理论揭示了市场经济活动中信息差异对交易行为和资源配置效率的影响。

在电子商务领域，信息不对称问题尤为突出。由于交易双方通常不面对面进行交易，买家只能通过卖家提供的商品图片、文字描述以及用户评价等信息来了解商品。然而，这些信息可能并不全面或真实，导致买家在交易过程中处于信息劣势地位。例如，在淘宝网上，商品实物与卖家披露信息不符的问题时有发生，这就是信息不对称的一种表现。

信息不对称不仅会影响交易的公平性和效率，还可能引发道德风险和逆向选择问题。在电子商务市场中，卖家可能利用信息优势提供虚假信息或隐瞒商品缺陷，进而导致损害买家的利益的情况发生。而买家由于无法准确判断商品质量，可能选择价格较低但质量较差的商品，使优质商品被劣质商品挤出市场，形成"柠檬市场"①。

为了减少信息不对称对电子商务市场的负面影响，政府、企业和消费者都需要采取一定的措施。政府应加强市场监管，打击虚假广告和欺诈行为，提高市场透明度。企业应加强自律，提供真实、全面的商品信息，建立良好的信誉体系。消费者则应提高警惕，学会辨别信息真伪，选择信誉良好的卖家进行交易。

---

① "柠檬市场"（The Market for Lemons），又称次品市场，是诺贝尔经济学奖获得者乔治·阿克洛夫在 1970 年发表的论文《柠檬市场：质量不确定和市场机制》中提出的经济术语，又称为阿克洛夫模型。这一术语源于"柠檬"在美国俚语中表示"次品"或"不中用的东西"。

信息不对称理论为电子商务市场的研究提供了新的视角，揭示了市场中的信息不对称现象及其对交易行为和资源配置效率的影响。通过深入研究和应用这一理论，人们可以更好地理解电子商务市场的运作机制，为市场的健康发展提供理论支持和实践指导。

四、交易成本理论

交易成本伴随交易而生，且随交易数量增加而上升。当企业内部交易成本低于市场交易成本时，交易倾向于在企业内部进行，从而形成企业，作为市场的替代形式，以节约交易成本。

交易成本主要源于信息不对称，而企业可通过制度和流程来降低这种不对称性。交易成本分为事先与事后成本两类：事先成本涵盖信息搜集、谈判、合同签订等；事后成本则包括履约、监督等确保交易按约定进行的费用。交易成本是经济系统运行中资源转让或交割所产生的成本，既存在于企业内部（作为组织成本），也存在于市场中（作为供应链交易成本）。电子商务通过创新的交易方式，有效降低企业内部组织成本和供应链成本，提高经济系统效率，促进经济发展。具体而言，电子商务通过信息化手段优化资源配置，提高生产效率，降低人力资源成本，减少库存和管理成本，从而扩大企业边界，有助于实现规模经济。同时，电子商务促进产业链上下游企业的信息共享和协作，降低协作成本，提升经济效益。

五、系统科学理论

系统是由相互关联的元素集合构成的整体，且"整体大于各部分之和"。系统科学为电子商务与经济高质量的协调发展提供理论和方法论基础。系统理论广泛应用于探究要素的动态演进机制和系统协同效率优化问题。系统科学理论体系与外部环境共同构成"内外融合的非线性立体结构"，有助于深入理解系统科学的本质。从系统科学理论视角看，电子商务与经济高质量并非孤立系统，而是相互作用、相互影响，共同构成"电子商务经济高质量"这一复杂整体系统。为实现该系统的功能最大化，需对系统内的不同要素进行有机整合，促进电子商务子系统与经济高质量子系统之间的良性互动，实现要素间的协调发展和相互提升，使系统更加完善。

六、区域经济发展理论

区域经济发展理论是在经济地理学基础上逐渐发展起来的，包括区域经济均衡发展和非均衡发展两大分支。均衡发展理论强调在经济发展过程中，各区域间存在相互制约和支持的因素，对缩小区域经济发展差距具有重要作用。然而，现实中区域和产业发展程度不尽相同，难以实现绝对均衡。非均衡发展理论则成为研究区域经济学的重要突破口，提出循环积累因果论、增长极理论和倒"U"形理论等分支。循环积累因果论指出，经济发展中各种因素在上下循环中形成因果关系，导致区域经济发展差距扩大。增长极理论强调通过选择和培育增长中心来推动区域经济发展，但实践中可能面临两极化时间过长、过度依赖外资等问题。倒"U"型理论则认为区域经济发展差距会经历扩大、缩小和消失的周期性变化。在电子商务发展过程中，市场规模不断扩大，成为新的经济增长极。然而，电子商务在不同区域间的发展也存在不均衡现象。政府需制定相关政策，确保电子商务在落后区域发挥积极作用，缩短区域经济发展差距。

七、耦合协调发展理论

耦合协调发展理论起源于生态学中的横断理论，后逐渐在系统理论、协调发展理论等基础上发展起来，并广泛应用于经济发展领域。该理论关注不同系统或要素之间的相互作用和协调发展关系。耦合主要包括发展和协调两个方面：发展指系统从简单向复杂、从低级向高级的演进过程；协调则反映系统间或系统内部要素间在相互协商、调和过程中解决矛盾，实现和谐发展。各系统之间在发展和协调的相互作用下，形成动态耦合关系，体现为系统在"量扩"和"质升"基础上的整体协同效应。耦合度和协调度是衡量不同系统之间协调发展程度的重要指标：耦合度反映系统间相互作用的紧密程度；协调度则表示协调发展水平的深浅程度。通过测算耦合度和协调度，可以划分不同的耦合阶段和协调等级，从而全面反映系统间相互作用、相互影响的协调发展情况，并指向一种理想状态。

第四节　互联网发展及其对电子商务的影响

近年来，中国大力发展互联网，互联网的网站数、域名数、接入端口数等基础设施都得到了快速提升[①]。更多的企业能够借助这些丰富的互联网资源构建自己的电商网站或入驻电商平台，拓展销售渠道，将产品和服务推向更广泛的市场。消费者也因互联网的普及与深化应用，能更便捷地浏览和比较各类商品与服务信息，从而改变消费习惯，更倾向于通过网络进行购物消费。互联网的发展对电子商务在交易模式、市场拓展、消费引导等多方面都产生了极为深远且积极的影响，推动着电子商务在全球经济一体化进程中扮演着更加关键的角色。

一、降低电子商务领域的准入门槛

互联网技术的不断进步，特别是云计算、大数据、人工智能等技术的应

---

① 吴悦.互联网对中国对外贸易的影响研究[D].南京：东南大学，2021：1.

用，显著降低企业进入电子商务领域的门槛。在过去，建立和维护一个功能完善的电子商务平台需要高昂的技术投入和复杂的运维管理。而今，借助 SaaS（Software as a Service，软件即服务）模式，企业不需要自建服务器和软件系统，即可通过云端服务快速搭建起电商平台，降低初期投资成本。同时，社交媒体和移动支付的普及，使得营销和支付流程更加便捷，进一步降低中小企业进入电商市场的难度。此外，电商平台提供的开店工具、数据分析服务等一站式解决方案，帮助新进入者快速掌握市场趋势，优化产品策略，从而有效缩短了从创业到盈利的周期。

二、显著提升电子商务的运营效率

互联网技术的发展极大地提升了电子商务的运营效率。一方面，通过大数据分析，企业能够精准捕捉消费者行为，实现个性化推荐，提高转化率；另一方面，物联网技术的应用使得库存管理、物流配送等环节更加智能化，减少库存积压和物流延误，提升供应链的整体响应速度。此外，自动化客服系统的引入，如 AI 聊天机器人，能够 24 小时不间断地处理客户咨询，提高服务效率和客户满意度。这些技术进步共同作用于电商运营的各个环节，形成了高效协同的生态系统，促进电商行业的快速发展。

三、促进电子商务模式的创新与多样化

互联网的自由开放特性为电子商务模式的创新提供无限可能，创新模式不仅丰富了消费者的购物体验，也为商家提供了更多元化的营销渠道。例如，社交电商通过社交平台的人际网络进行商品推广，有效降低获客成本；直播带货则利用主播的影响力，实现了商品展示与销售的一体化，极大地提升了销售效率。电子商务模式的不断创新与多样化，为电商行业注入了持续的发展动力。

四、增强电子商务的市场竞争力

互联网的发展加剧了电子商务市场的竞争，但同时也为企业提供了提升竞争力的机遇。通过数据分析，企业能够深入了解市场需求，快速调整产品策略，实现精准营销。同时，电商平台提供的评价系统、信用体系等机制，促进了商家之间的良性竞争，提升了整个行业的服务质量。此外，跨境电商的兴起，使得企业能够跨越地理界限，直接面向全球市场，拓宽了销售渠道，增强了国际竞争力。在这个过程中，那些能够紧跟技术趋势、不断创新的企业往往能够在激烈的市场竞争中脱颖而出。

五、推动电子商务的全球化发展

互联网打破地域限制，为电子商务的全球化发展提供了坚实的基础。跨境电商平台的兴起，使得消费者可以轻松购买到来自世界各地的商品，而商家也能将产品销往全球。这不仅促进了国际贸易的繁荣，还加速了全球资源的优化配置。为了支持跨境电商的发展，各国政府纷纷出台相关政策，简化通关流程，降低关税壁垒，为电商企业创造了更加便利的国际贸易环境。同时，支付技术的进步，如跨境支付解决方案的推出，解决了不同国家和地区间的支付障碍，进一步促进了电子商务的全球化进程。

六、全面满足电子商务交易的安全性需求

安全性是电子商务发展的基石。随着互联网技术的发展，电子商务交易的安全性得到了显著提升。一方面，加密技术的广泛应用，确保了数据传输过程中的信息安全，防止了数据泄露和篡改。另一方面，支付安全技术的不断进步，如双重认证、生物识别技术等，有效防止了支付欺诈，保护了消费者的财

产安全。此外，电商平台通过建立健全的安全管理制度，如实名认证、交易监控等，进一步增强了交易的安全性。这些措施共同构建了一个安全可靠的电子商务交易环境，为消费者和商家提供了信心保障。

综上所述，互联网的发展对电子商务行业产生深远影响，不仅降低行业进入门槛，提升运营效率，促进模式创新与多样化，还增强市场竞争力，推动全球化发展，并全面满足了交易安全性需求。未来，随着技术的不断进步和应用场景的拓展，电子商务将继续保持蓬勃发展的态势，成为推动全球经济持续增长的重要引擎。

第二章　互联网时代电子商务发展的技术支撑

第一节　电子商务的网络技术基础

一、计算机及其网络

计算机技术的飞速发展和计算机的广泛应用，尤其是整个社会信息化需求的推动，促使计算机技术和通信技术紧密结合，计算机的应用朝着网络化发展。现在人们的生活已离不开计算机网络，无论是行政事业单位，还是工农商企业，网络已经渗透到社会生活的各个方面。

（一）计算机技术

1.电子商务和计算机技术的关系

第一，电子商务的发展以计算机技术为基础。在计算机技术的推动下，电子商务领域加快了发展步伐[①]。电子商务利用计算机技术的快速反应能力，使

---

① 权李之.计算机技术在电子商务领域的应用分析[J].产业创新研究，2023（14）：102.

消费者能够快速全面地选择商品，实现电子商务的营销。计算机技术可以实现产品信息的快速更新，让消费者及时了解商品属性。卖家可以通过计算机技术将产品信息以文字、图片和视频的形式展现给消费者，提供直观的了解。

第二，电子商务可促进计算机技术的进一步发展。电子商务提供的便捷消费模式让消费者可以随时随地购买商品，促进了计算机技术在电子商务交易中的应用，提高了交易的安全性。同时，电子商务的发展也对计算机技术提出更高的要求，推动了计算机技术的创新和进步。

第三，电子商务和计算机技术之间可以互相制约。电子商务的发展需要足够的资金和技术支持，而计算机技术的发展同样需要电子商务的推动。两者之间相互依存，相互促进，共同推动经济的发展。

2. 计算机技术在电子商务中的意义

（1）降低电子商务的销售成本

计算机技术能够为企事业单位和个人在产品宣传和销售方面有效节约成本，提高经济效益。消费者从订货、买货到货物上门不需要亲临现场，既省时又省力。电子商务的便捷性得到民众的广泛认可，并迅速发展成为全球化大型贸易。计算机技术也为电子商务业务节约大量的宣传成本。

（2）改善消费者在消费过程中的体验

计算机技术的发展为电子商务的消费者提供更多的选择，改善消费者在消费过程中的体验。计算机技术为电子商务业务提供安全的交易环境，确保买卖双方交易的可靠性与真实性。电子商务与传统的交易相比具有一定的虚拟性，有时也会给沟通带来相对的不便，因此计算机技术可以设置人工智能，在消费者对商品信息存在疑问时进行及时的解答，并传递给消费者一定的优惠信息，保证交易的顺利进行，给消费者更好的体验和服务。

（3）促进电子商务的进一步发展

电子商务打破了经营者传统交易被时间和地点束缚的模式，受益于计算机技术的发展，计算机技术的发展为电子商务的发展提供平台，如淘宝、天猫等，通过这样的平台将众多优秀的商家聚集在一起，消费者可以根据自身的需要迅速检索出自己需要的商品信息，还可将众多网络商家的产品进行对比，选择物美价廉性价比高的产品。因此，计算机技术可以为电子商务网络提供服务，同时也促进电子商务的发展。

（二）通信技术

网络通信技术在电子商务领域展现出广泛的应用潜力，从电子票务、自动售货机支付到依托无线网络与第三方支付平台的各类产品与服务，均体现了其深远影响。

1.网络通信技术在电子商务中的具体应用

在信息时代背景下，网络通信技术凭借数据信号覆盖广、兼容性强、频段利用率高等优势，促进了互联网应用的普及与优化，为电子商务的繁荣发展提供坚实的技术支撑。

市场普及与产业升级：以 5G 通信技术为代表的网络通信技术，在中国拥有庞大的手机用户基础，推动了信息内容终端设备的销售与市场规模的扩大。其在支付功能上的广泛应用，进一步提升了电子商务的市场价值与发展潜力。

产业发展与经济增长：网络通信技术不仅促进信息技术产业的快速发展，提高国内生产总值中信息产业的比重，还通过降低定位成本、推动传统制造业转型升级，为经济发展注入新活力。

企业协同与市场竞争：5G 技术拓展网络通信技术企业的业务范围，提高大中型企业的协同能力，增强网购的灵活性与流动性。同时，它降低中小企业的发展门槛，增强其市场竞争力，促进市场多元化发展。

数字鸿沟缩小与区域均衡发展：网络通信技术，特别是 5G 技术的普及，有效缩小了我国不同地区间的数字鸿沟，扩大了电子商务的活动空间，促进了区域经济的均衡发展。

2. 网络通信技术在电子商务中的应用方向

无线网络使用协议的强化。通过优化 WAP（无线网络使用协议），网络通信技术提升无线网络的速度与稳定性，为用户提供更加流畅的互联网接入体验，降低延迟，提升实时信息获取效率。

移动库存管理方式的革新。网络通信技术支持下的移动库存管理，实现了商品、服务与员工位置的实时跟踪，提高交货效率，降低库存成本，增强客户服务体验。

营销管理与服务的智能化。以汽车零部件企业为例，网络通信技术通过收集并分析顾客需求信息，为经销商提供及时的服务通知，促进营销管理的智能化与个性化服务的发展。

移动代理交易速度的提升。随着网络通信技术的进步，移动代理在电子商务交易中的应用日益广泛。通过优化交易流程、支持实时采购与服务支付、实现微交易等，网络通信技术显著提升交易速度，促进了电子商务的高效发展。

（三）计算机网络

作为计算机技术和通信技术这两大技术结合体的计算机网络技术迅速成为当今世界的研究热点，代表着当前计算机系统结构发展的一个重要方向。计算机网络是信息社会最重要的基础设施，并将构成人类社会的信息高速公路。

1. 计算机网络的类型

计算机网络是一个复杂的系统工程，为了对其更好地研究，人们将计算机网络进行了科学的分类，以方便于技术的分析与研究。在对计算机网络进行分类时，站在不同的角度会有不同的分类结果。

（1）根据网络所覆盖的范围划分

局域网：局域网（Local Area Network，简称 LAN）是指将有限的地理区域中的各种通信设备互联在一起的通信网络。通常一间小型办公室、一所学校、建筑的一层或一座大楼中的计算机所构成的网络属于局域网。局域网通常具备以下特性：①其运作范围局限于有限的地域内，所采用的传输介质种类亦相对丰富，包括同轴电缆及光纤等。②具备较高的数据传输速率。③鉴于数据传输距离较短，所受干扰影响相对较小，从而确保了良好的通信质量，并呈现出较低的误码率。④组网过程便捷灵活，且成本相对较低，是当前计算机网络发展中最为活跃的领域之一。

城域网：城域网（Metropolitan Area Network，简称 MAN）又称为城市网、区域网，在地理上覆盖一个城市或城区的网络。城域网中可以包含若干个彼此互联的局域网，可以采用不同的系统硬件、软件和通信传输介质构成，从而使不同类型的局域网能有效地共享信息资源。城域网通常采用光纤或微波等作为网络通信的主通道。城域网具有以下的特点：①涉及的地理范围比局域网大，采用的传输介质相对复杂。②数据传输速率低于局域网，用户投入少，接入简单：宽带城域网用户端设备便宜而且普及，可以使用路由器、HUB 甚至普通的网卡。用户只需将光纤、网线进行适当连接，并简单配置用户网卡或路由器的相关参数即可接入宽带城域网。

广域网：广域网（Wide Area Network，简称 WAN）是指一种跨越城市、国家甚至全球的互联网络。广域网的覆盖范围极广，传输距离长，因此通常采用高速光纤、卫星通信等先进技术来保证数据传输的质量和效率。广域网的设计和建设复杂，需要考虑多种因素，如网络延迟、带宽分配、数据安全等，但其提供的全球互联能力使得信息能够跨越地域限制，促进全球化交流与合作。

（2）根据网络拓扑结构分类

网络拓扑结构是指网络上的计算机、电缆和其他设备的物理连接方式。常见的拓扑结构主要有五种类型：总线型、环型、星型、树型、网型。

总线型拓扑：所有设备通过一条公共总线连接，结构简单，易于扩展，但故障排查困难，且总线故障会影响整个网络。

环型拓扑：设备首尾相连形成闭合环路，数据在环中单向传输，适用于小型网络，但任意节点发生故障都会中断整个网络的通信。

星型拓扑：所有设备通过独立的连接线与一个中心节点（如集线器或交换机）相连，便于管理和故障隔离，但中心节点故障会影响全网。

树型拓扑：结合了星型和总线型的特点，形成层次结构，适用于大型网络，但层级过多可能影响传输效率。

网型拓扑：每个设备都与网络中的其他设备直接相连，提供最高的冗余度和可靠性，但成本高昂，适用于关键任务网络。

（3）根据通信介质可以分为有线网络和无线网络

有线网络：有线网络是指在数据传输过程中，所有的通信介质均为有线形式。这种网络类型依赖于物理连接，确保数据传输的稳定性和可靠性。常见的有线介质包括同轴电缆、双绞线、光缆和电话线等。同轴电缆因其较强的抗干扰能力和较高的传输速率而广泛应用于早期的有线电视和局域网中。双绞线则因其成本低廉、安装方便而成为常用的局域网传输介质之一。光缆以其极高的带宽和传输距离，成为现代高速网络通信的首选介质。电话线则主要用于传统的电话通信和低速数据传输。

无线网络：无线网络完全摒弃了有线介质的束缚，采用无线电波、卫星、微波、红外线、激光等无线形式来传输数据。这种网络类型的优势在于其灵活性和便捷性，能够实现移动设备的无缝连接和远距离数据传输。无线电波广泛应用于各种无线通信系统，如 Wi-Fi、蓝牙和蜂窝网络等。卫星通信通过地球同步卫星实现全球范围内的数据传输，特别适用于偏远地区和海上通信。微波通信利用微波频段进行点对点的高速数据传输。红外线通信常用于短距离的无线设备连接，如遥控器和一些智能家居设备。激光通信则以其极高的传输速率和抗干扰能力，在未来的高速无线通信领域具有巨大的潜力。

（4）根据网络结构可以划分

资源子网：资源子网由提供数据处理、存储和应用服务的设备组成，包括服务器、个人电脑、打印机、存储设备以及相应的软件。资源子网是用户直接访问和利用网络资源的一部分，其效率和安全性直接影响用户的体验。

通信子网：通信子网负责数据的传输和交换，由网卡、线缆、集线器、中继器、交换机、路由器等硬件设备以及相关的网络协议和软件构成。通信子网是网络的基础设施，确保了数据能够在网络中的各个节点之间高效、准确地传输，是实现网络通信功能的关键。

2.计算机网络的共享与分布功能

（1）资源共享

资源共享是计算机网络最有吸引力的功能，内容包括硬件、软件以及数据资源。资源共享的目的是避免重复投资，提高资源的利用率和整个系统的性价比。

硬件资源的共享：当用户面临超出其本地计算机处理能力的大型任务或复杂运算时，网络提供解决方案。用户可以借助网络中其他闲置或未充分利用的硬件资源，如高性能 CPU、大容量内存、快速存储设备以及专业图形处理器等，来协同完成这些任务。这种共享模式不仅缓解了单个计算机的性能瓶颈，还极大地扩展了计算资源的边界。

软件资源共享：利用计算机网络可以弥补现有计算机系统在软件资源上的不足，常见的应用包括在网上下载各种各样的免费杀毒软件并对杀毒软件实时更新、网络游戏的互动等。

数据资源的共享：数据资源的共享是计算机网络的一个非常重要的功能，尤其是在电子商务的实际应用中。例如，电子商务企业可以通过数据库实现企业产品目录，更好地更加高效地为消费者提供产品的各种信息。数据资源的共享也有助于企业内部的经营管理，如库存管理、生产管理、人事管理、客户关系管理等。

（2）分布式数据处理

分布式数据处理是一个相对较新且迅速发展的领域，它代表了计算机网络向更高层次、更复杂应用迈进的必然趋势。当一个系统的部件分散在不同的地方，并且这些部件之间存在紧密的合作与交互时，该系统就被称为"分布式的"。相反，如果部件之间不存在合作或者只存在有限的合作，则该系统更倾向于被称为"网络的"。分布式系统通过硬件、控制、数据这三个维度来共同衡量和构建。这三个维度相互关联、相互作用，共同构成了一个复杂而高效的分布式计算环境。

硬件维度：在分布式系统中，硬件资源的分布与配置是系统性能的关键。通过网络将分散在不同地点的硬件设备连接起来，形成一个统一的计算资源池。这些设备可以是高性能服务器、存储设备、传感器等，它们通过网络相互通信和协作，共同完成任务。硬件资源的分布式配置不仅提高了系统的计算能力和存储容量，还增强了系统的可靠性和容错性。

控制维度：分布式系统的控制机制是确保系统正常运行和高效协作的关键。在分布式环境中，由于部件分散在不同地点，因此需要一个有效的控制机制来协调和管理这些部件的行为。这包括任务分配、资源调度、负载均衡、故障恢复等方面。通过设计合理的控制算法和协议，可以确保分布式系统中的各个部件能够协同工作，实现高效的数据处理和任务执行。

数据维度：在分布式系统中，数据是连接各个部件的纽带。数据的分布式存储和处理是分布式系统的核心特征之一。通过将数据分散存储在多个节点上，可以实现数据的并行处理和高速访问。同时，通过设计合理的数据一致性和复制机制，可以确保数据的可靠性和可用性。在分布式环境中，数据的安全性和隐私保护也是至关重要的，需要采取有效的安全措施来防止数据的泄露和滥用。

二、电子数据交换

电子数据交换（Electronic Data Interchange，简称 EDI）是以某种标准形式在企业之间通过计算机传递企业的信息和商务文件，如订单、报价单、发票、装运通知、发货通知和收货通知等，并且通过计算机通信网络对这些数据进行交换和自动处理，有机地将商业贸易过程的各个环节（如商检、税务、银行、运输、海关等部门）连接起来，实现包括电子与网络支付在内的全部业务的很大程度的自动化与网络化处理。

由于使用 EDI 可以减少甚至消除贸易过程中的纸面文件，因此 EDI 又被人们形象地称为"无纸贸易"。EDI 所需的硬件设备一般配有计算机、网络连接设备及通信线路。①计算机：无论是个人计算机、工作站、小型机、主机都可利用。②网络连接设备：由于使用 EDI 进行电子数据交换，需要通过通信网络，必然需要网络连接设备。③通信线路：一般常用的是电话线，如果在传输时效及资料传输量上有较高要求，可以考虑使用专线及其他宽带介质。

（一）EDI 的应用优势

EDI 传输的是经过严格格式化的标准文件，并内置了格式校验功能，这确保了数据的准确性和一致性。相比之下，传真、电报和电子邮件等传输方式则主要处理自由格式的文件，缺乏统一的格式标准，易于引发数据解读上的误差。

EDI 实现了计算机到计算机的自动传输与自动处理，其服务对象直接为计算机系统。这一特性极大地提高了数据传输和处理的效率，同时有效减少了人为干预所带来的错误风险。而传真、电报和电子邮件等则主要面向人工用户，接收的报文需经过人为解读和处理，效率和准确性均受到一定影响。

在安全性方面，EDI 同样表现出色。它提供了一系列安全保密功能，如文件跟踪、确认、防篡改、防冒领以及数字签名等，确保了数据的完整性和真实性。相比之下，传真和电报缺乏这些安全机制，而电子邮件虽然具备一定的安全保密功能，但其安全层次远低于 EDI。

EDI 报文还具备法律效力，这是传真和电子邮件所无法比拟的。这一特性使得 EDI 在涉及法律事务的场合中更具优势。

从通信基础来看，EDI 与电子邮件均建立在分组数据通信网上，而传真则依赖于电话网络，电报则运行在电报网上。进一步地说，EDI 和电子邮件都构建在计算机通信网开放式系统互联参考模型（OSI）的第七层上，并基于报文处理系统（Message Handle System，MHS）通信平台。然而，与电子邮件相比，EDI 在通信层次上提出了更高的要求。

在通信模式上，EDI 和电子邮件均具备非实时性和存储转发功能，这意味着用户双方不需要实时联机操作，从而有效解决了计算机网络同步处理的困难和低效率问题。相比之下，传真大多采用实时通信模式，缺乏这种灵活性。

（二）EDI 的通信系统

构建稳定高效的通信系统是贸易伙伴间实现信息无缝对接的关键。此系统可通过直接连接与间接连接两种核心模式来建立，每种模式均承载着特定的技术逻辑与适用场景。

1. 直接连接 EDI 模式解析

直接连接 EDI，是指贸易伙伴间通过各自的 EDI 翻译计算机，利用调制解调器或专用线路直接建立通信链路。此模式适用于交易频繁、时效性要求高且时区差异显著的商业环境。然而，其局限性亦显而易见：

时区与交易量挑战：跨时区交易需频繁调整通信时间，而高交易量则可能导致拨号连接的不便与效率低下。

成本考量：与众多贸易伙伴建立专线连接，其经济成本高昂，尤其对于中小企业而言，构成了不小的财务负担。

协议兼容性问题：不同贸易伙伴可能采用各异的通信协议，这增加直接连接的技术难度与复杂性。

2. 间接连接 EDI 模式：以增值网（VAN）为例

间接连接 EDI，通过引入中央网络（如增值网 VAN）作为信息中转站，实现了贸易伙伴间信息的间接传递。VAN 不仅提供必要的通信设备、软件支持和技术保障，还承担了信息接收、存储与转发的重任。其优势主要体现在：

协议统一：用户仅需遵循 VAN 的通信协议，不需要关注各贸易伙伴的特定协议，简化了技术对接流程。

交易记录与纠纷解决：VAN 保存的交易记录为贸易纠纷提供独立的第三方证据，增强交易的透明度和可信度。

报文标准转换：VAN 能自动转换不同交易报文标准，促进跨标准的信息交流。

格式校验：自动进行 EDI 格式检查，确保交易报文的准确性和合规性。

尽管如此，VAN 模式亦非尽善尽美，其高昂的运营成本（包括注册费、月租费及交易费）成为中小企业应用的障碍。此外，多 VAN 环境下的信息交换成本更高，且可能丧失审计记录的连续性。

3. 互联网 EDI 的优势

地理无界：互联网的全球覆盖性打破地域限制，为贸易伙伴提供无限可能的连接机会。

成本效益：显著降低通信成本，尤其对于中小企业而言，互联网连接的费用远低于专线与 VAN。

灵活性与兼容性：互联网与 Web 技术的融合，使得 EDI 事务文档交换更加灵活多样，符合当前商业趋势。

功能拓展：互联网 EDI 不仅可补充或替代现有 EDI 应用，还集成了合作、工作流管理、搜索引擎等创新功能。

用户友好：浏览器与搜索引擎的普及，降低技术门槛，提升用户体验。

当然，互联网作为 EDI 通信平台亦面临安全性、运行记录缺失等挑战。但随着加密技术、区块链等新技术的应用，这些问题正逐步得到解决。可以预见，基于互联网的 EDI 将成为未来企业间合作的主流趋势，推动全球贸易的数字化转型与升级。

三、网络支付技术

网络支付技术主要通过现代计算机技术和通信技术手段，利用计算机网络系统，以电子信息的形式进行资金传递。

（一）刷卡支付

刷卡支付，作为电子商务初期的主要支付方式之一，是实体信用卡在网络环境中的延伸。用户通过输入信用卡信息，包括卡号、有效期、安全验证码等，即可在线完成支付。尽管相较于后来的支付方式，刷卡支付在操作流程上略显烦琐，且存在一定的安全风险（如信息泄露、盗刷等），但在当时，它无疑为电子商务的兴起提供必要的支付基础设施。

随着技术的进步，刷卡支付也逐渐融入了更多的安全元素，如动态验证码、3D 安全认证等，有效提升交易的安全性。同时，为了适应移动互联网的发展趋势，许多银行和支付机构推出了手机 App 内的虚拟信用卡或绑定实体卡的服务，使得用户即使在没有实体卡片的情况下，也能通过手机完成支付，实现了刷卡支付与移动支付的初步融合。

刷卡支付虽然不再是当前支付领域的主流，但其作为网络支付技术的先驱，为后续支付方式的创新性发展奠定了坚实的基础，也为人们理解支付技术的演进路径提供宝贵的视角。

（二）移动支付

移动支付的便捷性使得消费者可以随时随地完成交易，它不仅改变人们的支付习惯，还促进无现金社会的快速发展。移动支付将终端设备、互联网、应用提供商以及金融机构相融合，为用户提供货币支付、缴费等金融业务。移动支付使用方法有短信支付、扫码支付、NFC 近场支付、指纹支付、声波支付等。目前主要使用扫码支付和 NFC 近场支付。扫码支付是扫描二维码进行支付，NFC 近场支付（近距离无线支付）由非接触式射频识别（RFID）演变而来，其基础是 RFID 及互联技术。目前使用较多的移动支付方式是扫码支付。

（三）第三方支付平台

第三方网络支付平台，作为电子商务交易中的关键角色，是连接买方、卖方和银行三方的桥梁。它通过先进的通信、计算机及信息安全技术，实现了消费者消费、金融机构与卖方间的货币支付、现金流转、资金清算及查询统计等功能。这一平台的本质是一个信用中介，其核心实质在于提供一个中立、安全、高效的交易环境，解决交易双方因信息不对称而产生的信任问题。

第三方网络支付平台的发展历程，是互联网技术与市场需求共同作用的结果。从最初的简单支付清算功能，到如今集网银、快捷支付、转账、服务窗、缴费等多功能于一体的综合服务平台，第三方网络支付不断适应市场变化，满足用户多样化的需求。特别是转账功能的拓展，不仅限于朋友间的资金流转，还通过二维码和搜索技术，实现了陌生人之间的即时转账，极大地促进了市场交易的便利性。第三方网络支付平台的功能与影响如下：

支付结算：作为最基本与核心的功能，第三方网络支付平台通过网银和快捷支付两种方式，实现了资金的高效、安全转移，为电子商务的快速发展奠定了坚实的基础。

转账与服务窗：转账功能的拓展，特别是跨平台、跨用户的转账服务，以及服务窗的集成，使得第三方网络支付平台成为一个综合性的生活服务平台，涵盖了银行服务、缴费、保险理财、通信服务等多个领域，极大地提升了用户的生活便捷度。

缴费：公共事业缴费服务的加入，不仅解决了居民缴费难的问题，还促进公共资源的有效利用，体现了第三方网络支付平台的社会责任与担当。

第三方网络支付平台的出现，不仅标志着实体交易市场向网络虚拟世界交易的转变，更建立了一套全新的交易信赖保护制度。它通过实现线上交易的同步交换，降低不等价交换的风险，增强交易双方的信任感。同时，第三方网络支付平台对国家经济及社会的影响深远，它不仅填补了我国电子支付建设应用层的空白，还推动电子商务市场的繁荣，拉动了内需，促进国内外市场的连接与交易。

对于消费者而言，第三方网络支付平台构建了一个安全、便捷的支付环境，从商家信用甄别到支付方式的无障碍，再到交易过程中的信用中介作用，以及交易后的完善保障措施，都极大地保护了消费者的权益。而对于商家企业来说，第三方网络支付平台不仅提供良好的交易环境，还通过信用筛选机制，促进行业的良性竞争，推动企业的诚信经营。

第二节　电子商务的数据库技术

数据库技术，作为数据管理领域的关键技术，涵盖了数据整理、数据分类、数据存储、数据编码、数据检索以及数据维护等多个方面，是现代计算机应用不可或缺的技术。如今，技术飞速发展，使电子商务业务也越来越频繁，而数据库技术在电子商务中的作用就显得越发的重要[1]。

---

[1]　成文.电子商务中的数据库技术研究[J].数字技术与应用，2015（10）：129.

一、电子商务与数据库技术的关系

数据库是信息系统的核心技术，是计算机进行数据管理与数据分析的附属功能，数据库技术关注的是如何进行数据组织与存储内容，以及如何高效地进行数据处理与获取内容。根据数据库这一特征，在电子商务运作中，数据库技术就可以理解为通过其强大的数据收集、整理与分析功能，对电子商务活动进行有效的处理，并形成相应的分析报告与结果，并且还能形成数据单与数据报表。数据库技术在电子商务运营中的作用是能够为企业管理与决策人员提供真实的数据依据，通过总结企业各个部门的数据以及电子商务往来信息，使企业管理者与决策者得出更加理性的分析结论，从而为商务信息的有效分析提供便利。

电商平台利用数据库技术对海量数据进行分析与挖掘，能够洞察市场动向，发掘出消费者的需求，从而为企业的营销决策提供强有力的支撑。比如，运用数据库技术分析消费者的购物行为，能够对其将来的购买意愿进行预测，进而实现对相关商品的精确推送，从而提升商品的销量。数据库技术也有利于电商平台安全交易。利用数据库技术的加密、权限控制等方法，可以保护用户的隐私，防止交易信息泄露。另外，数据库技术的数据备份与恢复功能有利于电商平台快速找回丢失的数据。

随着大数据技术的飞速发展，数据库技术也得到了进一步优化。当前的数据库系统在处理能力、安全性、可扩充性等方面都有了很大的提高，可以很好地适应电子商务的需要。可以说，数据库技术已经成为电子商务的一个重要组成部分。该技术不但可以实现电商平台的数据存储与管理，而且可以通过对数据的处理与分析，使商家能够更好地把握市场动向，并进行准确的营销决策。

在电子商务中，数据库技术已经不仅仅是对数据的储存与管理，它已经渗透到电商企业全部的商业流程中。比如，在货物管理方面，利用数据库技术，使商家能够快速地完成货物的上架、下架、调整价格等操作。利用数据库技术对订单状况进行自动追踪，并将订单变动情况告知商户及顾客，以提升订单的处理效率。

二、数据库系统的构建流程

构建数据库系统是信息系统开发中的核心环节，其过程需严谨规划、精心设计，并分阶段实施，以确保数据库系统能够满足业务需求，实现高效、稳定、安全的数据管理。以下是构建数据库系统的详细流程，包括目标定义、逻辑设计、物理设计、物理实现及复查构建等关键步骤。

数据库目标定义：数据库目标定义是构建数据库系统的起点，也是整个流程的基础。此阶段需明确数据库系统的预期功能、性能指标、运行环境及用户需求。

数据库逻辑设计：逻辑设计是数据库构建流程中的关键环节，它基于目标定义，从业务需求和功能角度出发，规划数据库的逻辑结构。此阶段的主要任务包括定义数据库中的表结构，包括表的字段、数据类型、约束条件等；分析表之间的关系，建立合理的关联和索引；设计视图、存储过程、触发器等高级数据库对象，以满足复杂的业务逻辑需求。逻辑设计的目标是构建一个逻辑清晰、结构合理的数据库模型，为后续的物理设计和实现奠定基础。

数据库物理设计：物理设计紧随逻辑设计之后，是数据库构建流程中的承上启下环节。它关注数据库在物理存储层面的实现，包括选择适合的数据库管理系统（DBMS）、确定数据库的存储结构（如文件组织方式、索引结构等）、配置数据库参数（如内存分配、磁盘空间等）以及设计数据库的物理布局（如表和索引的分区策略等）。物理设计的目标是确保数据库在物理层面能够高效、稳定地运行，满足实际应用的需求。

数据库物理实现：数据库物理实现是将逻辑设计和物理设计转化为实际数据库系统的过程。此阶段包括安装和配置数据库管理系统、创建数据库和表结构、导入初始数据、设置用户权限和安全性措施等。物理实现的质量直接影响数据库的性能、可维护性和安全性。因此，在实施过程中需严格遵循设计规范和最佳实践，确保数据库系统的稳定性和可靠性。

复查构建的数据库：复查构建的数据库是数据库构建流程中的最后一步，也是确保数据库质量、满足实际需求的关键步骤。此阶段需对数据库进行全面的检查和评定，包括功能测试、性能测试、安全性测试等。通过测试，可以发现并解决存在的问题，如数据错误、性能瓶颈、安全隐患等。同时，还需根据实际需求制订维护和更新数据库的实施方案，包括定期备份、数据恢复、版本升级等。这些措施将为数据库的稳定运行和持续优化提供有力保障。

总之，通过遵循这一流程，可以构建出满足业务需求、高效稳定、安全可靠的数据库系统，为信息系统的成功运行奠定坚实基础。

三、电子商务运作中数据库软件的应用

随着数据库技术的不断进步和电子商务的快速发展，两者之间的融合将更加紧密，为电子商务的持续创新和优化提供更加广阔的空间和可能性。

（一）桌面型数据库软件的应用

桌面型数据库软件在电子商务活动中扮演着重要角色，几乎涵盖了电子商务的各个环节。桌面型数据库软件经过长期的发展与完善，技术已经相对成熟，能够与现代电子商务系统实现完美的衔接。

桌面型数据库软件的优势在于其易用性和适配性，它们能够很好地适配各种计算机机型，为电子商务主体提供稳定的技术环境，保障电子商务的顺利进行。此外，桌面型数据库软件还具备较强的数据处理能力，能够满足电子商务活动中对数据收集、处理和存储的基本需求。

（二）面向对象型数据库软件的应用

面向对象型数据库软件在电子商务中主要用于保证企业与小型电子商务群体更好地进行对接。这类数据库软件支持互联网的连接，为小宗电子商务交易的顺利进行提供了有力保障。

面向对象型数据库软件的特点在于其灵活性和扩展性，它们能够根据电子商务的需求进行定制化开发，满足不同规模和类型的电子商务主体的需求。同时，面向对象型数据库软件还支持分布式处理，能够实现数据的实时共享和交换，提高电子商务的效率。

（三）分布型数据库软件的应用

对于大型商务交易，数据库技术的应用主要体现在分布型数据库软件的构建上。常用的分布型数据库软件包括 SQL Server、Oracle 等。这些数据库软件的服务对象主要是现实企业，为企业与企业之间的电子商务交易提供了良好的平台。

分布型数据库软件的优势在于其高性能和可靠性，它们能够处理大规模的数据量，保证数据的完整性和一致性。同时，分布型数据库软件还支持并行处理和负载均衡，能够应对电子商务中的高并发场景，确保交易的稳定进行。

（四）数据库型软件的应用

数据库型软件与远端数据库形成相互融合的局面，使系统形成一个范围广阔的数据库系统。这种融合为电子商务运作提供了有力支持，实现了数据的全局管理和优化。

数据库型软件的特点在于其综合性和智能化，它们能够整合各种数据资源，提供统一的数据访问接口，方便电子商务主体进行数据查询和分析。同时，数据库型软件还具备智能化的数据处理能力，能够自动识别和挖掘数据中的有价值信息，为电子商务的决策提供科学依据。

（五）数据库管理系统

数据库管理系统（DBMS）是数据库系统的核心组件，负责数据的全面管理。它基于特定的数据模型，如关系型、层次型等，实现数据的存储、检索、更新及安全控制。DBMS旨在提升数据处理的效率、安全性和共享性，是数据库技术应用的基础。

DBMS的功能主要包括：①数据定义通过数据定义语言（DDL），允许用户定义数据库结构、数据约束和保密规则，这些定义被编译并存储在数据字典中。②数据操纵语言（DML）支持数据的查询、插入、删除和更新操作，DML可以是嵌入式的，也可以是独立交互式的。③数据库管理涵盖数据库的创建、维护、转储、重组及性能监控，确保数据库的稳定运行和高效访问。④运行控制包括并发控制、存取控制、完整性验证及数据库内部维护，保障数据的一致性和安全性。⑤数据字典管理作为数据库结构的元数据存储，数据字典是数据库管理的重要工具，支持数据的高效访问和管理。

DBMS的工作流程以数据操作为核心，如读取记录时，DBMS会依次进行合法性检查、模式映射、物理记录定位、数据读取、格式转换及状态反馈。对于数据修改，流程类似，但包含数据的写回操作。数据库设计则聚焦于构建高效、易用的数据库系统，涉及设计方法、工具、数据模型、计算机辅助设计技术及设计规范的研究，以充分利用DBMS的功能，满足实际应用需求。

第三节　电子商务的安全技术

随着社会经济的发展，电子商务得到快速发展，但信息窃取、信息窜改与网络攻击也接踵而至，对我国电子商务产业的健康、迅速发展造成威胁[①]。电

---

① 温娜，高亮，王淑敏.浅谈电子商务网络信息安全技术的优化[J].标准科学，2024（07）：62.

子商务安全，指的是防止未经授权的个人在电子商务系统中访问、利用、修改或损坏企业或个人的财产。确保电子商务在运行过程中不受任何威胁的要素之一就是确保电子商务安全。在整个电子商务过程中，电子商务安全涉及保护客户端、传输通道、电子商务服务器和相关后端系统，其所发挥的作用是相当重要的。

一、数据加密技术

密码技术是保证网络与信息安全的核心之一。密码学是一门古老而深奥的学科，是研究计算机信息加密、解密及其变换的科学，是数学和计算机的交叉学科，主要包括编码学和密码分析学。

（一）密码学的结构

明文：明文即指人们通常所使用的语言、文字和符号，是发送方将要发送的信息。

信源和信宿：信源是信息的产生、发送方，信宿是信息的接收方。

密文、密钥、加密运算和密钥空间、解密：密文就是明文经过加密处理后的输出，非授权者无法读懂。密钥是把明文变换成看似无意义的随机消息。将明文处理成密文的运算就是加密运算，而密码体制的加密运算是由一类算法组成的，不同的运算由不同的参数来确定，这个参数称为密钥。密钥参数的取值范围则称为密钥空间。把密文恢复为原明文的过程称为解密。

密码体制：密码体制一般是指密钥空间和相应的加密运算的结构，同时也包含明文信源与密文的结构特征。这些结构特征是构造加密运算和密钥空间的决定性因素。

加密算法和解密算法：对明文进行加密时所采用的一组规则称为加密算法。传送消息的预定对象称为接收者，接收者对密文进行解密时所采用的一组规则称为解密算法。

用户与非法解密者：密码体制的合法使用者就是用户，而企图通过破译密码体制获取明文信息的人就是非法解密者，或称为攻击者。攻击者有主动攻击者和被动攻击者之分，主动攻击者对截取的数据进行修改、删除等操作，以达到破坏合法用户获取正确信息的目的；被动攻击者只在信息传输中截取信息。

（二）密码体制

1. 单钥密码体制

单钥密码体制，也称为对称密码体制或私钥密码体制，其加密密钥和解密密钥相同，即发送和接收数据的双方必须使用相同的密钥进行加密和解密运算。单钥密码体制具有两种加密方式：①对明文按字符逐位加密，即流密码。②明文分组后再逐组加密，即组密码。

单钥密码体制的优点在于设计简单，密钥单一，加密效率高，加密速度快，特别适合大量数据的加密处理和点对点通信传输的数据加密；缺点是密钥的管理（如密钥产生、分配存储、销毁等）工作比较复杂。

对称密码体制的优点是加密、解密的速度快。但由于通信的双方采用的密钥是相同的，因此任何的一对通信用户之间必须有同一个密钥，当网络中的用户数很大时，则不利于密钥的分配；所采用的密钥通常都很短，比较容易被破译，保密性不强。另外，在双方通信之前，必须保证拥有相同的密钥，因此在双方通信之前，必须将密钥通过安全的信道传递给对方。虽然现在也出现了基于对称密码体制的集中分配方式，但因其采用的方式是每个用户都与控制中心有一个通信密钥，通过控制中心再建立任意两个用户之间的通信密钥，因此其并不能保证整个系统的安全。密钥控制中心的安全影响着整个系统的安全，所以说对称密码体制不能很好地解决密钥的分配问题，尤其是在电子商务环境下，这种缺点显得尤为突出。

单钥密码体制的加密方法包括：

替代加密法：替代加密法是早期的一种常规加密算法。替代加密法是将明文中的每一个字符用另一个字符替换为密文中的一个字符。除接收者外，其他人不理解其中的替代。接收者对密文做反向替换后则恢复成明文，这种加密方法被称为凯撒密码，是一种简单的替代加密法。

换位加密法：换位加密法也是早期的常规加密算法。换位加密法中，换位加密后的密文与明文的字符相同，只是明文字符的次序改变。简单的换位加密法是将明文以固定的宽度横着写在一张纸上，然后垂直地读出即成密文，解密是将密文竖着写在同样宽度的一张纸上，然后水平读出即成明文。

数据加密标准（DES）：替代加密法和换位加密法不是很好的数据加密方法，因为密文包含很多帮助未授权者破解密码的线索。DES 算法是把输入的明文按 64 比特分开，并使用 64 比特的密钥进行加密，变成 64 比特的密文。由于密钥包含 8 比特的奇偶校验位，所以实际密钥长度为 56 比特。64 比特的输入状态由密钥进行控制，并经过多层换位和替代处理。

DES 算法的处理过程是输入明文的 64 比特首先经过初始换位处理，分成左右各 32 位。它们经过 16 层的换位和替代处理，每一层中，都是右 32 位进行替代处理，然后和左边的 32 位互换。最后，再经过一次换位处理，输出密文，这最后一次换位是初始换位的逆变换。

在 DES 算法中，换位处理均为线性变换，而替代处理则是非线性替代处理变换过程，因此整个 DES 算法也就变为非线性变换，从而使得即使在知道密文和明文的前提下，推断密钥仍然极为困难。这样，DES 算法通过换位处理和替代处理的多层组合，利用所产生的分散和换位效果的相互作用，就组成了一个高强度的密码体制。

2. 双钥密码体制

双钥密码体制，又称非对称密码体制或公钥密码体制。双钥密码体制是指对信息加密和解密所使用的是不同的密钥，即有两个密钥，一个是公开密钥，另一个是私有密钥。这两个密钥称为"密钥对"。如果用公开密钥对数据进行加密，则只有用对应的私有密钥才能解密；反之，若用私有密钥对数据进行加密，则需用相应的公开密钥才能解密。采用双密钥体制的每个用户都有一对选定的密钥，其中一个是秘密的，而另一个则可以公开，并可以像电话号码一样注册公布。

双钥密码体制的优点：增加安全性。私有密钥无须传输给任何人，不需要在通信双方交换，从而保证了秘密密钥安全；提供一种源鉴别（通过数字签名）方法，从而能对密文的发送方进行鉴别。双钥密码体制用于数字签名，其主要缺点是加密算法一般速度较慢，特别是用于大批量数据加密时。采用这种加密技术的主要有 RSA。

双钥密码体制特点：加密和解密能够分开，可实现多个用户加密的信息只能由一个用户解读（多对一），或者一个用户加密的信息可以由多个用户解读（一对多）。前者可以用于公共网络中实现保密通信，后者可以用于认证系统中对信息进行数字签名。由于该体制减少了多用户之间通信所需的密钥数，方便了密钥管理，因此这种体制特别适合多用户通信网络。

在双钥密码体制中，RSA 加密算法是主要的一种加密技术。RSA 用到的是两个非常大的质数的乘积，用目前的计算机水平是无法分解的。

运用双钥密码技术传送文件时，文件发送者用接收者的公开密钥对文件原文进行加密，接收者收到文件后，用只有自己知道的私有密钥对其进行解密，便可以保证文件传输的保密性。将对称密钥密码与非对称密钥密码技术结合使用时，运用数字信封、数字签名等安全认证手段，可以解决电子商务交易信息传送的安全性问题。

二、认证技术

在电子商务的快速发展中，网络信任成为交易成功的关键因素。传统的加密技术虽能保障信息传输的保密性，却难以抵御篡改、伪造等主动攻击。因此，认证技术应运而生，它通过验证信息的来源、完整性和真实性，为电子商务交易提供强有力的安全保障。

（一）安全认证技术

安全认证技术是电子商务系统中不可或缺的安全措施，主要包括消息摘要、数字信封、数字签名、数字时间戳和数字证书等技术。这些技术共同构成了电子商务交易的安全防线，确保信息的机密性、完整性和真实性。

消息摘要：消息摘要技术利用单向 Hash 函数，将明文转换为固定长度的密文摘要。这一技术保证了数据的完整性和有效性，通过对比发送方和接收方生成的摘要码，可以判断数据在传输过程中是否被篡改。Hash 算法需与其他密码技术结合，以确保消息的完整性，如结合数字签名技术。

数字信封：数字信封技术结合了对称加密和非对称加密的优点，通过随机生成的对称密钥加密数据，再用接收方的公开密钥加密对称密钥和数字信封。接收方使用私有密钥解密数字信封，获取对称密钥，进而解密数据。这一技术提高加密速度，并确保了密钥分发的安全性。

数字签名：数字签名技术通过发送方私有密钥加密的消息摘要，确保信息的真实性和完整性。接收方使用发送方的公开密钥解密签名，并对比计算出的摘要码，以验证信息的来源和完整性。数字签名具有唯一性、不可仿冒性和不可否认性，广泛应用于电子商务中的身份鉴别和不可否认服务。

数字时间戳：数字时间戳技术是对电子文件发表时间进行安全保护的技术。它通过专门的认证机构为文件签署时间戳，并加密保护，以防止信息被伪造和篡改。时间戳包含文件摘要、签署时间和认证机构的数字签名，确保了文件发表时间的真实性和可信度。

数字证书：数字证书是网上交易双方真实身份证明的依据，由证书授权中心（CA）颁发。数字证书包含证书申请者的个人信息和公开密钥，并用 CA 的私有密钥进行数字签名。在电子商务交易中，双方通过交换数字证书确认身份，并获取对方的公开密钥，以确保信息传输的安全。数字证书分为个人证书、企业（服务器）证书和软件（开发者）证书，适用于不同场景下的安全需求。

（二）安全认证体系

认证是证明自己或他人身份的过程。电子交易中的认证体系主要包括身份认证和信息认证两个方面。在网络中，不同的用户、应用程序之间经常需要进行认证，因为通信双方无法直接看到或听到对方，只能通过数字方式来进行认证。身份认证用于通信双方相互验证身份，而信息认证则用于保证信息来源的可靠性和信息在传输过程中的完整性。

1. 身份认证

身份认证是网络安全的第一道防线，用于确认用户的真实身份与其所声称的身份是否相符，以防止非法用户通过身份欺诈访问内部资源。以下是几种常用的身份认证技术：

基于口令的认证方法：用户访问系统时，需要提交口令，系统将其与存储的用户口令进行比较，以确认用户的合法性。这种方法的优点在于操作简单，但安全性较低，容易受到暴力破解和字典攻击。

动态口令：动态口令技术让用户的密码按照时间或使用次数不断变化，每个密码只能使用一次。它采用动态令牌生成当前密码，并在认证服务器上进行验证。这种方法有效防止了密码被截获后的重复使用，但存在时间或次数同步问题，且使用不便。

标记认证方法：标记不是个人持有物，常用于启动电子设备。常用的标记认证包括磁介质和智能卡。磁介质通常指磁条卡，安全性较低。智能卡克服了磁介质的缺点，采用芯片存储和加密技术，提供更高的安全性。然而，智能卡需要与安全协议配套使用，才能实现完整的身份认证。

生物特征认证法：生物特征认证法利用个人的唯一且稳定的特征（如指

纹、虹膜、声纹等）进行身份确认。这种方法不依赖任何能被拷贝的文件或口令，具有极高的安全性。随着硬件和软件的发展，生物特征认证正在成为电子商务中对人员身份识别的重要解决方案。

2. 信息认证

信息认证的目的是验证信息发送者的真实性和信息的完整性。常用的信息认证方法包括消息认证码（MAC）和篡改检测码（MDC）。

消息认证码（MAC）：消息认证码通过在信息中加入一个鉴别码，并经加密后发送给接收者进行检验。接收者利用约定的算法对解密后的信息进行运算，将得到的鉴别码与收到的鉴别码进行比较，以确认信息的真实性和完整性。

篡改检测码（MDC）：篡改检测码与消息认证码类似，也是通过加密和验证过程来确保信息的完整性。不同之处在于，篡改检测码更侧重于检测信息在传输过程中是否被篡改。

（三）安全认证机构

电子商务授权机构（CA）也称为电子商务认证中心，是承担网上安全电子交易认证服务、签发和管理数字证书的服务机构。认证中心的核心职能包括证书发放、证书更新、证书撤销和证书验证。

证书发放：认证中心根据申请者的身份和资信信息，签发数字证书，以确认用户的身份。证书可以签发给最终用户、持卡人、商家和支付网关等。

证书更新：随着用户身份或私钥的变化，证书需要定期更新。更新过程与证书发放过程类似，确保用户始终持有有效的证书。

证书撤销：当证书因私钥泄露、身份信息更新或终止使用等原因需要撤销时，认证中心会将其加入撤销清单，并通知相关用户。

证书验证：证书验证是通过信任分级体系来实现的。每一种证书与签发它的单位相联系，沿着信任树逐级验证，最终确定证书的有效性。

三、防火墙技术

为了保护企业和个人电脑的安全，人们可以先完全隔离可信任的内部网络和不可信任的外部网络，然后在它们之间架构一种软、硬件相结合的系统来连接不同的网络，通过该系统来控制（如允许、拒绝）出入内部可信任网络的信息流，实现网络的安全，这就是防火墙。

防火墙是一个能够控制信息流的系统，位于内部网络和外部不可信任设备之间。它可根据企业的整体安全策略，管理信息的进出流向。防火墙在防范攻击方面能够发挥重要作用，对于维护信息安全和网络安全至关重要。就逻辑层面而言，防火墙不仅能够充当过滤和限制网络流量的工具，还具备智能分析的功能。防火墙根据企业的安全策略控制出入网络的信息流，可以提供信息安全服务，以及实现网络和信息的安全。一款有效的防火墙产品需要包含的功能如下：

第一，强化企业的安全策略。鉴于各企业的网络环境、经营业务以及应用系统的差异，每个企业在部署网络安全系统之前，均会根据其安全需求及业务需求，制定相应的网络安全策略。因此，防火墙产品需支持企业设置相应的安全规则和策略，以确保企业的安全策略得以切实执行，并在安全技术层面得以实现。

第二，实现网络安全的集中控制。随着网络规模的扩大，需要得到管理的主机数量也会增加，这会增加人们为网络安全提供保障的难度。然而，通过使用防火墙，该问题可以得到解决。防火墙位于内部网络和外部不可信任网络之间，它的有效性直接关系到整个网络的安全。这是因为防火墙能够有效地阻止内部网络直接暴露在外部的不可信任网络面前。如此一来，相关技术人员可以将所有主机的安全管理整合为单个防火墙的安全管理，由分散管理演变为集中管理，进而提高管理便捷性和可控性，同时提升网络安全水平。

第三，实现网络边界安全。防火墙物理地隔离了可信任网络和不可信任网络，是可信任网络和不可信任网络之间数据包唯一的输入口，从而强制所有在这两个网络之间的数据流必须经过防火墙，并且受到防火墙的检查，来保证只有安全的数据流才能通过，最终实现网络边界的安全。

第四，记录网络之间的数据包。防火墙还有一个重要的作用，就是把所有进出的数据包实时地记录下来，并保存到日志当中，有了日志，网络管理员就可以在任何时候都能判断是否有不安全的数据包进入企业的可信任网络中，而且能够从不同的角度统计出网络的使用状况。尤其是防火墙的日志系统应该针对不同权限的管理员，智能地给出不同详细程度的报告。

从物理形态来分，它可以分为软件防火墙和硬件防火墙。软件防火墙就是将防火墙软件系统安装在流行的操作系统平台上；硬件防火墙就是将防火墙安装在专用的硬件平台和专用的操作系统上，硬件防火墙可以很好地减少系统的漏洞，性能更好。

四、虚拟专用网

虚拟专用网络（Virtual Private Network，简称VPN）是一种在互联网上构建的虚拟网络，它本质上是一种私人网络。通过在互联网上建立虚拟专用网络，企业可以确保数据传输的安全性。VPN通过创建安全的隧道、实施用户认证和访问控制等措施，即使在公共网络上使用，也能保持网络的安全性。这种技术使得企业能够在公共网络上安全地传输敏感数据，从而为数据的安全传输提供有力的保障。

虚拟专用网络的使用，使得企业的网络环境能够达到类似于专用网络的安全水平。与传统的专用网络相比，使用VPN具有显著的优势。首先，VPN的成本相对较低，因为它不需要企业投入大量的资金来建立和维护物理网络基础设施。其次，VPN 的可扩展性更高，企业可以根据自身的需求灵活地扩展网络规模，而不需要进行大规模的硬件升级。最后，VPN 的管理更为简单，因为所有的安全措施和配置都可以通过软件来实现，简化了网络管理的复杂性。

总的来说，虚拟专用网络为电子商务提供一种高效、安全且经济的网络解决方案。通过使用 VPN，企业不仅能够确保数据传输的安全性，还能够享受到低成本、高可扩展性和管理简单等多重优势，从而在激烈的市场竞争中保持竞争优势。

五、入侵检测技术

入侵检测技术是动态安全技术中至关重要的一个组成部分，它更具灵活性和主动性，能够帮助人们更有效地应对不断变化的网络攻击手段。如果将防火墙视作网络的门卫，那么就可以将入侵检测技术视作内部网络的巡逻警察，它们能够不间断监视网络的安全状态。借助对入侵行为的模式和特点所进行的分析，入侵检测技术有助于安全系统迅速响应入侵事件和行为，可用于分析各种事件并识别、发现可能违反安全策略的活动。它可以在计算机网络系统中对重要的数据和节点进行监视，还能基于模式识别和异常检测等技术，识别潜在的非法活动或攻击。

入侵检测系统通常被视为防火墙的附加功能，该技术可以对网络安全问题进行监测和侦测。从分析方式上来讲，入侵检测系统一般采用如下三种模式：模式发现、异常发现和完整性分析。

（一）模式发现模式

模式发现技术是一种通过识别特定的模式或特征来检测入侵行为的知识型检测技术。它可以识别和匹配已知的入侵方法。通过比对已知的网络入侵系统误用模式数据库来发现模式并检测违反安全策略的行为，这就是实现模式发现的整体过程。这个过程可以采用简便方法加以呈现（例如使用字符串匹配来查找基本条目或指令），也可以采用更复杂的方法加以呈现（例如使用正规数学表达式来描述安全状态的变化）。

通常情况下，特定的进攻模式可以被定义为执行特定操作（例如发送指令）或实现特定目标（例如获取权限）。这种方法的主要好处在于运用该方法，人们仅需收集相关数据，并且其相关技术已经非常完善，能够有效降低系统负担。模式发现技术基于与病毒防火墙相同的技术和策略，具有高精确度和高效率，可以发挥十分有效的作用。然而，这种方法的弊端在于运用该方法的人需要不断更新模式发现技术，以应对黑客不断变化的攻击手段，因为它无法检测到全新的黑客攻击方式。就模拟发现而言，识别入侵的模式是比较关键的，成功识别入侵的模式能够准确地区分真实的入侵行为和正常行为。

（二）异常发现模式

异常发现技术，作为信息安全领域的重要分支，本质上属于检测技术的一种。它以行为为基础，通过深入分析系统、网络或应用程序的正常行为模式，识别出与之偏离的异常行为，从而发现潜在的安全威胁。其基本原理建立在这样一个假设之上：所有的入侵行为，无论其手段如何隐蔽，都会在一定程度上表现出与正常行为不同的特征。

第一，异常发现技术的基本原理。通过识别系统正常运行的规律，将与之偏离的系统状态视为潜在的可疑行为。这种规律可以是系统资源的利用率、网络流量的分布、用户行为的模式等。一旦系统状态偏离了预设的正常范围，异常发现系统就会发出警报，提示可能存在安全威胁。

第二，异常发现的实现方式多种多样，主要包括以下几种：

基于统计的方法。通过收集系统正常运行时的数据，建立统计模型，计算正常行为的阈值。当系统行为超出阈值时，视为异常。

基于机器学习的方法。利用机器学习算法，通过训练数据学习正常行为的特征，构建异常检测模型。该方法能够自动适应系统行为的变化，具有较强的灵活性和准确性。

基于规则的方法。预先定义一系列规则，描述正常行为的特征。当系统行为违反这些规则时，视为异常。

第三，异常发现的优势：①主动性。异常发现技术能够主动发现未知的攻击行为，而不仅仅依赖已知的攻击特征。②适应性。通过不断学习正常行为的变化，异常发现系统可以适应系统行为的动态变化。

第四，异常发现模式的应用场景：

网络入侵检测：检测网络流量中的异常行为，发现潜在的入侵行为。

系统监控：监控系统资源的使用情况，发现异常的系统行为。

用户行为分析：分析用户的行为模式，发现异常的用户行为，如账户盗用等。

随着人工智能和大数据技术的发展，异常发现技术将更加智能化和精准化。未来，异常发现技术将更加注重实时性和准确性，实现更高效的安全威胁检测。

（三）完整性分析模式

完整性分析是信息安全领域的另一重要技术，它不仅能够帮助人们检查文件或对象是否发生了修改，还能综合考虑文件与目录的内容和属性，从而有效地检测应用程序是否被修改或者是否被植入恶意软件。

第一，完整性分析的基本原理。完整性分析的基本原理是通过比对文件或对象的当前状态与基准状态（通常是在系统正常时的状态），发现任何不一致之处。这种不一致可能表现为文件内容的改变、文件属性的更改、文件权限的变动等。

第二，完整性分析的实施方式主要包括以下几种：

哈希校验：通过计算文件或对象的哈希值，与基准哈希值进行比对，发现任何改变。

数字签名：使用数字签名技术，验证文件或对象的完整性，确保其未被篡改。

文件系统监控：实时监控文件系统的变化，发现任何未经授权的修改。

第三，完整性分析的优势：①准确性。只要攻击成功导致文件或其他对象发生任何变化，完整性分析都可以精确地检测到。②全面性。完整性分析不仅关注文件内容，还关注文件属性和权限，提供全面的保护。

第四，完整性分析模式的应用场景如下：

系统安全：检测系统文件和配置是否被篡改，保证系统的安全性。

应用程序安全：检测应用程序是否被修改或植入恶意软件，保证应用程序的完整性。

数据安全：检测数据文件是否被篡改，保证数据的完整性。

随着技术的发展，完整性分析将更加注重实时性和效率。未来，完整性分析将结合人工智能和大数据技术，实现更智能、更高效的完整性检测，为信息安全提供更强大的保障。

第四节　电子商务与新兴技术应用

新兴技术应用于电子商务，促进电子商务与实体经济的深度融合，催生了电子商务的新业态，加速电子商务的创新迭代。

一、电子商务与大数据技术应用

大数据技术是指对海量数据进行价值挖掘与提炼的技术。它涵盖了数据的采集、预处理、存储、分析和挖掘等多个环节，能够为相关决策提供有力支持。在电子商务领域，大数据技术通过对顾客浏览、购买、评价等行为数据的深度分析，揭示出顾客的潜在需求和消费习惯，为企业制定精准营销策略提供科学依据。充分挖掘和充分利用大数据的信息优势，将有助于电子商务的精准化发展。

（一）大数据的特征与结构

1. 大数据的特征

（1）体量大

随着信息技术的快速发展，各类设备和平台每天都会生成大量数据，例如社交媒体、电子商务平台、物联网设备等都在持续产生海量数据。这种数据规模的膨胀对存储和处理能力提出前所未有的挑战，也为数据挖掘和分析提供丰富的资源。

（2）多样性

大数据的多样性体现在数据来源的广泛性和数据类型的多元化。数据不仅来自不同的领域和行业，且呈现出结构化、半结构化和非结构化的多种形式。例如，社交媒体平台生成的文本、图片、视频等非结构化数据，传感器设备提供的半结构化数据，传统数据库存储的结构化数据，这些数据共同构成了大数据生态。如何有效整合和分析来自不同源头、不同类型的数据，成为大数据技术需要解决的关键问题之一。

（3）速度快

大数据不仅体量庞大，数据生成和传输的速度同样极快。随着网络技术的发展，数据流量的增速达到空前的水平，单位时间内产生和传输的数据量不断攀升。无论是金融交易、社交媒体互动，还是实时定位服务，数据的高速流动性使得传统的数据处理方式难以应对。这也促使了实时数据分析和流数据处理技术的出现，使得企业能够在极短的时间内对大量数据做出快速反应，从而提高决策效率。

（4）可变性

大数据的体量、速度和多样性等特征并非固定不变，而是处于持续的变化中。数据源的变化、新技术的引入以及数据生成速率的加快都可能导致大数据的特征发生显著变化。这种可变性要求数据分析工具和处理系统具备极高的适应性和灵活性，能够在多变的环境中对数据进行动态的调整和处理。因此，大数据的可变性增加数据管理的复杂性，也意味着大数据分析必须具备高度的前瞻性和灵活性，以应对未来潜在的变化和挑战。

2.大数据的结构

大数据的结构可以分为三种主要类型：结构化数据、半结构化数据和非结构化数据。理解这三种数据结构的特性和应用场景，对于有效地利用和管理大数据至关重要。

（1）结构化数据

结构化数据是指那些能够严格按照预定格式组织的数据。这类数据通常存储在关系型数据库中，以表格形式呈现，其中每一列具有固定的数据类型，每一行代表一条记录。例如，企业的客户信息表、财务报表以及库存清单等，都是典型的结构化数据。结构化数据的主要特点是其格式规范且一致，这使得它可以通过 SQL 等查询语言进行高效的检索和分析。由于其明确的结构，这种数据类型的处理和分析相对较为简单，并且支持高度的自动化操作。

（2）半结构化数据

半结构化数据具有一定的组织结构，但这种结构不如结构化数据那样严格。半结构化数据通常包含标签或标记，能够为数据的解释和分析提供一定的指导，但其内部的组织方式可能是不规则的或多样化的。常见的半结构化数据格式包括 XML 文件、JSON 数据以及电子邮件。半结构化数据的灵活性使其适合存储和传输需要包含多种信息但又不完全符合表格格式的数据。处理半结构化数据时，虽然需要更多的预处理和转换步骤，但它提供更大的灵活性来适应不断变化的数据需求。

（3）非结构化数据

非结构化数据，是指那些没有预定义格式或结构的数据。这类数据通常包括文本文件、图片、视频、音频等。这些数据的特点是缺乏系统的组织方式，数据的存储和分析相对复杂。例如，社交媒体上的用户评论、新闻文章中的自然语言文本以及视频监控中的图像序列，都是非结构化数据的典型例子。由于非结构化数据的多样性和复杂性，传统的数据库系统往往难以有效处理这类数据。因此，需要使用先进的技术和工具，如自然语言处理（NLP）和图像识别技术，来提取和分析有用的信息。

总的来说，理解结构化、半结构化和非结构化数据的不同特点和应用场景，能够帮助人们在大数据的处理和分析中选择最合适的方法和工具。随着数据量的不断增长和技术的不断进步，对这些数据结构的深入研究和有效管理将成为未来数据科学领域的重要挑战和发展方向。

（二）大数据技术在电子商务精准营销应用

精准营销是一种利用先进信息技术对顾客进行个性化分析，准确了解顾客需求，并将营销信息精准推送至有需求的顾客手中的营销策略。它旨在实现低成本、高收益、快发展的营销效果，有效避免粗放式营销带来的资源成本浪费问题。在电子商务领域，精准营销通过大数据技术的支持，能够显著提升顾客满意度和企业竞争力。

第一，增强市场细分能力。大数据技术通过全面收集顾客需求信息，并及时更新数据，帮助企业从多角度细分市场。例如，安全座椅可以根据孩子的年龄、体重、座椅的安装方式、价格等维度进行细分，不同细分市场的商品功能差异显著。通过大数据技术，企业可以深入了解各细分市场的竞争情况和需求特点，结合自身优势选择目标市场，制定针对性的营销策略。

第二，助力商品选择优化。大数据技术有助于商家更准确地选择销售商品，实现新品预测和商品优化。通过分析访客时间记录、商品点击量、加购率、收藏率、转化率等数据，商家可以判断商品潜力，预测爆款商品。对于已上市商品，大数据技术通过分析商品转化率、复购率等数据，帮助企业优化选品，调整采购量，提升销售效果。此外，大型电商平台提供的数据分析工具，如京东的京东商智、淘宝的生意参谋等，进一步助力商家精准运营。

第三，个性化商品推荐。大数据技术通过分析顾客的浏览行为、消费习惯、个人喜好等，构建精准的顾客画像，为个性化商品推荐提供有力支持。电商平台根据顾客画像，实时更新商品推送，在网站适当位置以不同方式推荐感兴趣的商品，提高顾客满意度和购买转化率。例如，京东根据顾客搜索和浏览记录，智能推送相关茶叶商品，帮助顾客快速找到心仪产品。

第四，提升服务质量。智能客服通过预设常见问题及答案，快速响应顾客咨询，提高服务效率；商品评价则通过收集顾客反馈，对商品进行优化升级，同时为其他顾客提供购买参考，增强商品信誉和销量。

（三）大数据电子商务精准营销的应用建议

第一，加强信息安全保护。在利用大数据技术进行精准营销的过程中，企业必须加强信息安全保护，防止顾客信息泄露。应严格遵守《中华人民共和国电子商务法》《中华人民共和国数据安全法》等相关法律法规，建立完善的信息安全管理制度，加强数据加密和访问控制，确保顾客信息的安全性和隐私性。

第二，优化商品推荐技术。电商平台应持续优化商品推荐技术，提高推荐的准确性和个性化程度。通过引入更先进的算法模型，深入分析顾客行为数据，实现更精准的顾客画像构建和商品推荐。同时，提供便捷的个性化推荐关闭功能，并为关闭推荐的顾客提供其他形式的商品推荐服务。

第三，培养大数据电子商务精准营销人才。企业应积极培养大数据电子商务精准营销人才，通过校企合作、员工培训等方式提升团队的专业素养和实战能力。建立完善的人才激励机制和职业发展通道，吸引和留住优秀人才，为企业精准营销提供有力的人才保障。

二、电子商务与云计算技术应用

云计算是并行计算、网格计算、网络存储以及虚拟化技术相互融合的产物。它不仅是计算技术革新的结果，也是用户需求驱动和商业模式转变共同推进下的新生事物。云计算是一种共同参与式的计算模式，它通过互联网集成了分散的网络资源，包括软件资源和硬件资源，且这些资源具备延展性、动态化和虚拟性。

（一）云计算的特点与模式

1. 云计算的特点

云计算作为现代信息技术的关键组成部分，展现出诸多特点，显著提升了网络应用的灵活性和效率。相对于传统的网络应用模式，云计算具备以下七个核心优势与特点，这些特性为不同规模的企业与个人用户带来显著的竞争优势。

（1）虚拟化技术

云计算依赖虚拟化技术，这使得物理资源能够被抽象成多个虚拟资源进行灵活调配。通过虚拟化，云计算平台可以在同一台物理服务器上运行多个虚拟机，从而提高资源利用率，减少硬件的浪费。虚拟化技术还提升系统的灵活性，使得用户能够根据需求分配资源，而不受限于底层硬件设备的物理限制。

（2）动态可扩展

无论是存储空间、计算能力还是带宽资源，用户都可以根据需求的变化实时进行扩展或缩减。这种灵活的资源管理机制使企业能够应对负载波动，而不需要提前大量投资于硬件设备。相对于传统模式，用户不需要预测未来需求，而是在需求发生时快速响应，从而提升运营效率。

（3）按需部署

云计算采用了按需部署的方式，用户可以根据实际需求获取和使用计算资源，不需要一次性购买过多资源。这一特点帮助用户减少前期的高额硬件投入成本，且避免资源的浪费。按需部署不仅使得资源分配更为灵活，还使得企业能够根据实际使用情况付费，从而降低运营成本。

（4）灵活性高

云计算的高灵活性体现在用户能够根据实际需求随时调整资源配置，无论是计算资源、存储空间还是网络带宽。这种灵活的特性，使得企业可以快速响应市场变化，优化业务流程。在传统的网络应用模式下，增加或减少资源往往需要较长的硬件采购和部署周期，而云计算则通过即时调整资源配置，极大提升运营的敏捷性。

（5）可靠性高

通过多重备份、自动故障转移和数据冗余等机制，云计算提供高度可靠的服务。即使在部分硬件设备出现故障的情况下，云计算平台也能够保障系统的正常运行，并迅速恢复数据。这种高可靠性使得用户在面临潜在的灾难或技术故障时，能够依赖云计算提供的高可用性服务，确保业务连续性。

（6）性价比高

相比传统的网络应用模式，云计算的性价比无疑更高。其按需计费和资源共享机制，使得用户仅为实际使用的资源付费，避免过多的硬件投资与维护成本。云服务提供商通过规模化效应降低整体运营成本，并将这些节省传递给终端用户，从而使得云计算的成本优势更加显著。

（7）可扩展性

云计算的可扩展性极为强大，能够支持从小规模个人应用到大规模企业级应用的全方位需求。无论是增加新的用户、部署新的应用，还是扩展存储与计算能力，云计算都能够快速响应并自动调整系统资源。这种可扩展性让企业能够随着业务的发展，轻松应对不断增长的计算与存储需求，而不需要担心现有架构无法支撑未来的扩展。

2. 云计算的模式

（1）云计算的服务模式

物流信息云平台的逻辑结构是现代物流管理中的核心组成部分，它通过构建一个集成化的物流公共信息云平台，显著提升物流行业的信息共享与服务效率。该平台的体系架构通常分为三个主要层次，分别是基础设施即服务（IaaS）、平台即服务（PaaS）和软件即服务（SaaS）。这三层架构相互依存、紧密耦合，通过功能模块和硬件的集成支持，实现了对物流业务的全面服务和优化。每一层次均承担着特定的职能，为平台的高效运转提供基础保障。

基础设施即服务：作为整个物流信息云平台的底层架构，基础设施即服务主要负责提供计算、存储、网络等基础资源。在 IaaS 层，云平台通过虚拟化技术将物理服务器、存储设备和网络资源抽象化，打破传统物流信息系统中的硬件依赖。这使得物流企业能够按需租用计算资源，不需要自行购买和维护大量的硬件设施，从而降低资本投入和运营成本。IaaS 层的灵活性使得系统可以根据物流业务量的变化，随时调整硬件资源，确保在业务高峰时保持平台的高效运行。同时，IaaS 层还通过数据备份、灾难恢复等功能，提升系统的安全性与可靠性，保障物流信息的持续可用性。

平台即服务：在 IaaS 层之上，平台即服务层为开发者和业务系统提供一个开发、测试、部署与管理的环境。PaaS 层不仅提供运行环境和开发工具，还支持多种编程语言和框架，便于开发人员基于云平台构建定制化的物流应用服务。通过 PaaS 层，物流企业可以更轻松地开发和集成新的功能模块，例如物流跟踪、仓储管理、运输调度等，从而提高物流业务的整体效率。此外，PaaS 层还为物流企业提供灵活的中间件服务和数据库管理功能，这些服务与底层的硬件资源无缝衔接，为企业提供高度可扩展的开发与运营支持。

软件即服务：作为云平台的最上层，软件即服务层直接面向物流企业和最终用户，提供各种业务应用和服务。通过 SaaS 层，用户可以通过互联网访问和使用物流管理系统、运输调度系统、客户关系管理（CRM）系统等各种应用程序，而不需要关心底层的硬件和软件配置。SaaS 层使得物流企业能够根据实际需求快速部署和使用所需的业务应用，并根据用户的反馈和业务变化进行灵活调整。同时，SaaS 层提供的按需付费模式使得物流企业只需为实际使用的功能和服务付费，进一步降低运营成本。物流企业通过 SaaS 层能够实时管理和优化其物流流程，如订单处理、库存管理、运输路线规划等，实现业务的数字化转型和智能化管理。

（2）云计算的运营模式

云计算的运营模式根据部署方式和服务范围可以划分为公有云、私有云和混合云三种主要形式。不同的运营模式适用于不同的业务需求和企业环境，各自具备独特的优势与特点。企业可以根据自身的业务规模、数据安全要求、成本等因素，选择合适的云计算模式，以实现资源的高效利用和业务的智能化转型。

公有云：公有云是云计算中最为广泛使用的一种运营模式。其由第三方云服务提供商运营和管理，服务通常以互联网为介质向公众或多个组织开放。公有云的最大特点是资源共享，多个用户可以在同一个基础设施上使用计算、存储、网络等资源，但彼此之间的数据和应用程序被严格隔离。公有云的主要优势在于其高可扩展性和较低的前期成本。由于云服务提供商通常具有大规模的基础设施和资源池，用户可以根据需求动态增加或减少所需的资源，而不需要自己建设和维护复杂的 IT 基础设施。此外，公有云采用按需付费模式，用户只需为实际使用的资源支付费用，极大地降低硬件购买、系统维护和人员管理的成本。

私有云：私有云是为单一组织专门构建的云计算环境，通常由企业内部

IT 团队或特定的云服务提供商负责运营和维护。与公有云不同，私有云的基础设施和资源不与其他组织共享，这使得私有云在数据控制、安全性和隐私保护方面具备更高的自主性。私有云的主要优势在于其对数据安全和合规性的高度保障，特别适合那些对数据敏感度要求较高的行业或企业，例如金融、医疗、政府部门等。这类企业通常需要完全掌控数据的存储位置、访问权限和处理流程，而私有云为其提供高度定制化的解决方案。此外，私有云的灵活性使得企业能够根据自身的业务需求，自行部署和调整云服务，从而最大化资源利用率。

混合云：混合云是公有云与私有云的结合体，旨在结合两者的优点，为企业提供更为灵活和高效的云计算解决方案。在混合云环境中，企业可以同时利用公有云和私有云的资源，将一些敏感数据和核心业务部署在私有云中以确保安全，并且混合云的最大优势在于其弹性与灵活性，企业可以根据实际需求灵活地在公有云和私有云之间调配资源，既能充分利用公有云的成本优势和高可扩展性，又能保证私有云对核心业务和敏感数据的控制权。这种模式使得企业能够更好地平衡安全性、性能和成本，尤其适用于那些在不同业务场景下有着不同需求的企业。

此外，混合云还具备极高的容错能力。企业可以在私有云发生故障时，迅速将任务切换至公有云，从而实现业务的连续性和系统的高可用性。然而，混合云的运维和管理复杂度较高，企业需要在多个云环境中保持一致的数据同步、应用管理和安全策略，这对 IT 管理提出较大的挑战。

（二）电子商务发展中应用云计算技术的必要性

1. 提高系统稳定性和可扩展性

（1）弹性扩展能力

云计算技术为电子商务平台提供强大的弹性扩展能力。面对节假日、促销活动等时期的业务高峰，云平台能够自动扩展资源，确保平台稳定运行，避免系统崩溃和服务中断。

（2）高可用性

云计算采用分布式存储和冗余设计，确保数据的高可用性和容错性。即使某一数据中心发生故障，其他数据中心也能迅速接管服务，保障业务的连续性。

2.降低成本

第一，减少硬件投入。云计算使得电子商务企业不需要购买昂贵的服务器和存储设备，而是通过租用云服务来满足业务需求，这降低了企业的硬件投入成本。

第二，优化运维成本。云平台提供自动化的运维工具和管理界面，企业可以轻松地监控和管理系统资源，降低运维难度和成本。

第三，按需付费模式。云计算的按需付费模式使得企业可以根据实际需求动态调整资源使用量，避免资源浪费和成本过高。

3.提升数据处理能力

大数据分析：云计算平台具有强大的数据处理和分析能力，可以帮助电子商务企业深入挖掘用户行为数据，优化产品推荐和营销策略。

实时数据处理：云计算支持实时数据处理和分析，使得企业能够迅速响应市场变化，提升业务决策的准确性和时效性。

4.增强安全性和可靠性

第一，数据加密和备份。云计算提供数据加密和备份服务，确保用户数据的安全性和可靠性。即使发生数据丢失或损坏，也能迅速恢复数据。

第二，安全合规性。云计算平台符合国际和地区的安全标准和合规要求，为企业提供安全、合规的云服务环境。

5.推动业务创新性发展

支持快速迭代：云计算技术使得电子商务企业能够快速搭建和部署新的应

用和服务，支持业务的快速迭代和创新。

促进跨界融合：云计算为电子商务与其他行业的跨界融合提供技术支持，推动新业态、新模式的涌现。

（三）云计算技术在电子商务各方面的运用

1. 云计算技术在电子商务中的应用

随着电子商务的持续进步，众多企业明确表示将拓展电子商务业务。云计算技术在电子商务中的应用，提升了电商基础设施的运行效率，使得企业能够充分利用大量服务器进行电商资源的维护与管理。云计算技术具备卓越的计算能力，能够有效解决服务器计算能力不足的问题，减轻企业负担。相关电商企业通过应用云计算技术，降低成本支出，提升企业收益。云计算的应用还提升了企业的性能需求，减少大量软硬件开发的经费，摆脱了对电脑的依赖，优化了存储方式。云计算提供充足的存储空间，使用户不需要安装大量存储设备，且云端软件免费获取，进一步降低了电商的成本。同时，云计算技术的应用还提高了电商数据的计算与运行速度。

2. 云计算技术在电子商务安全中的应用

随着越来越多的电商企业采用云计算技术，登录云平台需经过严格的验证方式，确保各类企业的安全。云计算技术定期对注册用户进行检查与维护，及时删除超限用户，整理用户变动信息。此外，云计算技术的应用对日常用户登录的账号和密码提出高标准的验证要求。传统安全服务主要处理用户访问，而云计算技术为电商企业提供访问云平台信息的权限。然而，这种方式存在安全风险，需对数据进行加密处理，采用特定数据对应的密码形式，以保障电商数据整体安全，提升数据安全性。当前，云计算技术将所有数据与计算任务置于云计算平台上，用户不具备计算权限，因此必须加强数据保障力度，提高云计算数据的安全性。根据云存储的特点，将数据分散存储于不同服务器中，以确保安全与准确性。

3. 云计算技术在电子商务监管中的应用

云计算技术实现了对所有电商经营数据的收集工作，对新开设的网店进行商家信息全面收集，汇总产品及销售数据。通过结合商家纳税人提供的数据进行月度计算，实现了税务信息的精准匹配。同时，数据与税务的有效连接简化了税务征收流程，根据电商提供的数据同步税务管理方式，实现了平台与管理的高度融合。利用云计算技术建立了风险防控中心，负责电商税务与商品的分类，对电商数据进行采集与风险预警。通过数据分析，实现了实地调查与税务管理的有机结合，实现了税务风险的有效管控，并建立了一套完善的反馈机制。

（四）基于云计算技术的电子商务发展路径

1. 整合行业资源，达成云计算技术与电子商务的深度融合

云计算技术与电子商务的深度整合，能够更有效地为用户提供个性化服务与定制产品。作为云计算与电子商务融合的引领者，电子商务企业有必要将云计算技术应用于电子商务的各个环节，构建基于云计算的电子商务价值链，搭建服务提供者与受益者沟通交流的桥梁。

第一，整合行业伙伴及其周边上下游资源，彰显云计算技术支持下电子商务的商业价值。凭借云计算平台强大的捕捉能力，吸引更多用户群体。

第二，电子商务企业可将平台接口作为切入点，借助云计算技术构建更为开放的平台接口。所有利益相关者及合作伙伴均可通过该接口进行信息交流与共享，有助于双方及多方之间的业务协作。当然，基于云计算技术的电子商务发展模式并非仅仅为用户提供服务，还应使每位参与者从中受益。

第三，电子商务外包亦是以云技术为核心的电子商务资源整合形式。在云计算技术的支撑下，计算提供商能够整合网络媒体资源并实施高效管理，在确保系统运行安全性与稳定性的前提下，实现多用户的数据共享。基于此管理模式，用户可通过向云服务商支付租金来构建自身的网络交易平台。这种电子商

务体系具备较强的专业性与灵活性。结合前文，SaaS 可为电子商务企业提供诸如网上软件仓库之类的应用服务及其他所需资源，进一步控制电子商务的运行成本，有助于应用资源与工具的灵活运用。对于中小型电子商务企业而言，此举能够迅速提升其运营效率。

2. 定制信息与便捷管理

随着生活品质的持续提升，众多用户期望获取定制化服务，即接收更多定制化信息，构建更为人性化的服务体系。在云计算技术的辅助下，系统能够自动识别不同用户的应用需求，并迅速做出响应，进行专属推送。这种个性化服务是根据不同用户的需求量身定制的，能够最大程度地满足用户的各类使用需求，为电子商务销售的进一步拓展奠定根基。

就协助管理而言，主要针对电子商务企业。在传统发展模式下，企业与企业或企业与其他合作伙伴之间开展业务协作时，大多会受到时间、地点等客观因素的限制，且一项业务的协作完成需要双方持续沟通数据变化并商讨合作方向。云计算技术在电子商务发展中的应用，拓宽了企业与企业、企业与其他合作伙伴之间的沟通交流渠道。各利益相关方可通过云端平台查看数据更新，亦能在项目管理过程中将大量数据存储于云端系统。双方不需要进行数据交换，每当数据出现变化或提交新文档时，云端平台会及时更新，并向相关关系人发送提示以便查阅，能够显著提升企业与企业之间的业务协作效率。

3. 注重数据安全，降低数据安全风险

云计算技术的应用已成为电子商务发展的必然趋势，越来越多的电商企业开始依赖云计算技术提供服务与开展管理，在此过程中必然会产生大量数据信息。为保障数据安全，减少网络信息存在的安全隐患，需要对电子商务中的安全管理策略进行合理规划。

第一，我国存在一种特殊的云计算技术——专有云技术，其发展速度极为迅速，可作为一种安全保障措施在电子商务发展中广泛应用。专有云即私有云，专门为企业电子商务活动提供存储空间。私有云在不同企业间并不通用，仅企业员工或拥有私有云访问权限的人员能够使用。

第二，云计算技术的出现为电子商务数据的安全保护提供镜像备份服务。如此一来，能够有效防止电子商务管理过程中的数据丢失。电子商务企业可定期通过镜像备份上传重要数据。即便云端数据遭受破坏或丢失，镜像备份后的数据亦能迅速恢复。

第三，由于电子商务数据访问系统面向对象众多，电子商务企业可启用用户验证模式，即在登录云平台时要求用户通过视网膜扫描、指纹识别等方式进行身份验证。与此同时，相关部门还应定期对云平台白名单用户数量及具体名单进行审查与维护，及时剔除使用权已过期的用户，并及时更新不同用户的权限变化。

第四，在云平台服务过程中，传统的安全保护手段主要是控制用户群体的访问权限，云服务提供商拥有所有数据的访问权限，能够获取云平台上的所有数据。这种权限分布会增加电子商务企业的安全隐患，企业数据存储应突破传统管理模式的诸多限制，引入加密算法，如采用密码学方法开展实时保护。具体而言，就是结合不同类型数据的基本特征，选择密钥和加密算法的主要内容及形式，从而将企业重要数据转化为密文。在此过程中，为进一步提升数据安全性，电子商务企业还可设置多重加密手段，如层次密钥等。

云服务平台构建完成后，用户群体将大量涌入。此时，电子商务企业有必要对用户使用过程中产生的数据及平台状态进行实时监控。一旦检测到云平台状态异常，须迅速向相关关系人发出警报，并开展抢修工作。此外，还应对电子商务网站的运行速度进行实时监测，尤其关注高峰时段网站的承载能力。

三、电子商务与人工智能技术应用

人工智能是计算机科学中一门新兴的交叉学科，是研究如何用计算机模拟人脑，解决论证、显示、鉴定、理解、设计、思考和计划等问题。近年来，人工智能产业飞速发展，人工智能技术在电子商务等行业的应用愈加广泛深入。同时，伴随着互联网和移动互联网的普及，电子商务飞速发展，运营的电商平台越来越多，同一款商品在不同的平台上架常常要做不少的细节调整，基于人工智能技术的电子商务应运而生。

（一）电子商务领域中人工智能技术特点

在电子商务领域，人工智能技术的应用展现出显著的技术特点，主要包括数据挖掘（DM）与知识发现（KDD）技术、推荐引擎技术以及自然语言处理技术。

数据挖掘（DM）与知识发现（KDD）技术：数据挖掘技术旨在从大规模数据中提取有价值的信息和模式，而知识发现则是数据挖掘的一个重要阶段，强调从数据中提取知识和洞见。在电子商务中，DM 与 KDD 技术被广泛应用于预测客户行为、市场细分、产品推荐以及欺诈检测等方面。通过分析历史交易数据，电商企业可以预测客户的购买偏好，进而优化库存和产品推荐，提高销售绩效。同时，KDD 技术还能帮助企业更好地了解市场需求，改进产品和服务，制定更有效的市场策略。

推荐引擎技术：推荐引擎技术基于人工智能和大数据分析，通过分析用户行为、历史记录、兴趣等多维数据，为用户提供个性化的产品或服务推荐。这种技术不仅提高用户体验，还推动销售量的增长。例如，淘宝的推荐系统就根据用户的购买历史、浏览记录等行为模式，为用户推荐符合其兴趣和喜好的商品，提高购买的可能性和购物满意度。

自然语言处理技术：自然语言处理技术（NLP）使机器能够理解、解释和生成人类语言，在电子商务中发挥着重要作用。NLP 技术能够用于搜索和推荐系统，提供更准确和个性化的搜索结果和产品推荐。同时，在在线客户支持方面，NLP 技术通过聊天机器人和虚拟助手，了解和回应客户的问题和需求，减轻了客服代表的工作负担，实现了实时支持，提高客户满意度。

（二）人工智能在电子商务中的应用

人工智能在电子商务中的应用十分广泛，主要包括以下几个方面：

面向商家的智能化工具：如智能客服、智能化店面设计、生意参谋等，帮助商家提高经营绩效和管理效率。

面向用户的智能化服务：如个性化推荐、定制化生产、智能化定价等，提升用户体验和购物满意度。

面向平台的智能化采销：通过智能采购调配决策、智能预判配送等手段，提高平台的运营效率和响应速度。

面向后台的智能化仓储：利用智能仓库、智能仓储机器人等设备，实现仓储作业的自动化和智能化管理。

（三）人工智能与电子商务深度融合发展趋势

未来，人工智能与电子商务的深度融合将呈现以下发展趋势：

由技术驱动向需求驱动转变：未来的人工智能应用将更加注重用户需求，通过智能化手段解决用户的实际问题，提升用户体验。

由替代重复劳动向智能决策转变：随着人工智能技术的发展，其将在更多领域实现智能决策，如店铺选址、商品组合、动态定价等，提高电商企业的运营效率和智能化水平。

由单点分散应用向系统集成转变：人工智能在电子商务中的应用将逐渐从单点分散向系统集成转变，全面打通生产、流通、销售等各个环节，实现全局优化。

由 B2C 应用向 B2B 拓展：随着技术水平的提升和应用场景的拓展，人工智能将在 B2B 领域发挥更大的作用，如质量选择、价格博弈等方面，为电商企业创造更多的价值。

四、电子商务与区块链技术应用

区块链技术是一种结合了分布式数据存储、点对点传输、共识机制、加密算法等计算机技术的新型应用模式。它本质上是一个去中心化的数据库，通过由使用密码学方法相关联产生的数据块，按照时间顺序以链条的方式组合成特定的数据结构。区块链具有两大核心特点：一是数据难以篡改；二是去中心化。基于这两个特点，区块链所记录的信息更加真实可靠，可以帮助解决人们互不信任的问题，从而构建区块链视角下的电子商务体系，实现电子商务信息价值链的互联互通。

（一）区块链技术对电子商务的积极影响

区块链技术作为一种创新的互联网技术，对电子商务领域产生深远的影响。

第一，区块链的分布式存储和去中心化特性显著增强电子商务系统的安全性和稳定性，有效防止了数据篡改和单点故障。这种去中心化的特性意味着没有单一的控制点，从而降低系统被攻击的风险。

第二，区块链的智能合约功能实现了交易自动化，通过预设的条件自动执行合同条款，从而降低交易成本，提高交易效率。智能合约的引入使得交易过程更加透明和可追溯，减少人为干预的可能性，从而提高整个交易过程的可靠性。

第三，区块链技术还促进电子商务领域的信息共享和透明度提升，增强消费者和商家之间的信任。在传统的电子商务模式中，消费者往往对商家提供的信息持怀疑态度，而区块链技术通过其不可篡改的记录，确保了信息的真实性和透明度。消费者可以轻松验证商品的来源和质量，从而增强购买信心。

第四，通过时间戳和不可窜改性，区块链技术为电子商务产品提供追溯能力，有助于解决售假和产品质量问题。消费者可以通过扫描产品上的二维码，追溯到产品的生产、运输和销售全过程，确保了产品的真伪和质量。

（二）电商平台区块链架构的价值共享体系构建

电商平台区块链架构的服务价值体系构建。该体系以区块链的分布式账本为基础，实现了交易信息的透明化和不可窜改性，增强了平台的服务可信度和安全性。同时，区块链的智能合约功能为电商平台提供自动化的交易处理和纠纷解决机制，降低运营成本，提高服务效率。此外，区块链技术还促进电商平台与供应商、物流商等合作伙伴之间的信息共享和协同作业，共同提升整个电商生态的价值。

基于区块链技术的知识共享体系构建。区块链技术通过其去中心化、不可篡改和可追溯等特性，为知识共享提供安全可靠的保障。电商平台可以基于区块链技术建立知识库，将商家的产品信息、消费者评价、市场分析等知识资源进行整合和共享。同时，区块链的智能合约功能可以确保知识共享过程中的权益分配和激励机制，促进知识的持续更新和扩散。

基于区块链技术的信息交易服务体系构建。区块链技术通过其去中心化、透明化和安全可靠的特性，为信息交易提供全新的解决方案。电商平台可以基于区块链技术建立信息交易市场，将商家的产品信息、消费者需求、市场分析等信息资源进行整合和交易。同时，区块链的智能合约功能可以确保信息交易的公平性和可追溯性，降低交易风险和纠纷成本。此外，区块链技术还可以为信息交易提供高效的清算和结算服务，提升交易效率。

基于区块链技术的信任体系构建。区块链技术通过其去中心化、不可篡改和可追溯等特性，为电商平台构建了全新的信任体系。该体系以区块链的分布式账本为基础，实现了交易信息的透明化和不可篡改性，增强了消费者和商家之间的信任。同时，区块链的智能合约功能可以确保交易规则的自动执行和纠纷的公平解决，进一步提升平台的信任度。此外，电商平台还可以基于区块链技术建立信用评价机制，对商家和消费者进行信用评级和奖惩，促进诚信经营和消费环境的优化。

五、电子商务与数字虚拟技术应用

（一）电子商务与虚拟现实技术应用

在电子商务领域，虚拟现实（Virtual Reality，简称 VR）技术的引入为消费者提供全新的购物体验。虚拟现实技术通过模拟真实的环境，使用户能够沉浸在由计算机生成的虚拟世界中，这种沉浸式体验显著增强用户的参与感和满意度。在电子商务背景下，VR 技术主要应用在产品展示、交互体验及虚拟环境构建等方面。

VR 技术在产品展示中的应用：传统的电子商务主要依赖于文字和图片来展示商品，但这种方式缺乏直观性和互动性。VR 技术的引入使得消费者可以通过虚拟现实环境直接观察和体验商品。例如，在服装电商中，消费者可以通过 VR 试衣间试穿不同款式和颜色的服装，而不需要实际穿上。这种虚拟试穿不仅提供便捷性，还显著提升消费者的购物体验。此外，VR 技术也被广泛应用于家居电商，消费者可以在虚拟环境中摆放家具，观察其在不同风格和场景下的效果，从而实现更加精准和个性化的购买决策。

VR 技术在交互体验中的应用：VR 技术不仅提供逼真的视觉体验，还通过多感官交互增强消费者的参与感。在虚拟购物环境中，消费者可以通过手势、声音等自然方式与虚拟对象进行交互。例如，在虚拟车展中，消费者可以通过 VR 头盔"走进"展厅，自由浏览不同车型，甚至打开车门、启动引擎，体验真实的驾驶感受。这种交互性不仅提升消费者的购物乐趣，还增加购买的可能性。

VR 技术在虚拟环境构建中的应用：虚拟现实技术能够构建出高度逼真的虚拟环境，为电子商务提供全新的展示平台。通过 VR 技术，电商企业可以创建虚拟商场、虚拟店铺等购物场景，让消费者在虚拟环境中自由漫游、挑选商品。这种虚拟环境的构建不仅打破传统电商的时空限制，还为消费者提供更加丰富的购物选择。同时，虚拟环境还可以根据消费者的喜好和习惯进行个性化定制，进一步提升消费者的购物体验。

（二）电子商务与增强现实技术应用

增强现实（Augmented Reality，简称 AR）技术通过将虚拟信息叠加到真实世界中，为用户提供更加丰富和直观的视觉体验。AR 包含了多媒体、三维建模、实时视频显示及控制、多传感器融合、实时跟踪注册、场景融合等多项新技术。AR 可以实时计算摄影机影像位置及角度，并赋予其相应的图像、视频、3D 模型。AR 以现实世界的实体为主体，借助数字技术让用户可以探索现实世界并与之交互。在电子商务领域，AR 技术的应用主要集中在产品展示、营销推广及用户交互等方面。

AR 技术在产品展示中的应用：AR 技术使得消费者可以在真实环境中查看虚拟商品的叠加效果。例如，在家具电商中，消费者可以通过手机或平板电脑扫描家中空间，将虚拟家具摆放在真实环境中，观察其尺寸、颜色及风格是否与家中装修相匹配。这种展示方式不仅提供直观的视觉效果，还避免因尺寸或风格不符导致发生退货问题。

AR 技术在营销推广中的应用：AR 技术为电商企业的营销推广提供新的思路和手段。通过 AR 广告，电商企业可以将虚拟信息叠加到现实世界中，吸引消费者的注意力并提升品牌形象。例如，在户外广告牌上设置 AR 互动元素，消费者通过手机扫描即可观看虚拟模特走秀、了解商品详情等。这种新颖的推广方式不仅提高广告的吸引力和互动性，还增加消费者的参与感和记忆度。

AR 技术在用户交互中的应用：AR 技术通过提供虚实结合的交互体验，增强用户与电商平台的互动性。例如，在美妆电商中，消费者可以通过 AR 试妆功能在虚拟环境中尝试不同妆容和护肤品效果，从而选择最适合自己的产品。

这种交互方式不仅提供便捷性，还增加购物的趣味性和个性化。

（三）电子商务与元宇宙技术应用

元宇宙作为一个沉浸式的虚拟世界，集成了虚拟现实、增强现实、区块链等多种技术，为电子商务的发展提供全新的机遇和挑战。以元宇宙技术为代表的数字技术越发被人们所重视，并具有很广泛的应用场景[①]。

元宇宙技术扩展电子商务场景：元宇宙技术通过构建虚拟空间，为电子商务提供更加丰富和多样的购物场景。元宇宙还支持多人在线互动，消费者可以与朋友一起逛街、分享购物心得等，从而增强购物的社交性和趣味性。

元宇宙技术提升用户体验：元宇宙技术通过提供多感官交互和沉浸式体验，显著提升消费者的购物体验。在元宇宙中，消费者可以通过虚拟形象与商品进行互动，如试穿服装、试驾汽车等。同时，元宇宙还支持个性化定制和智能推荐等功能，根据消费者的喜好和习惯提供个性化的购物服务。这种个性化体验不仅提高消费者的满意度和忠诚度，还促进电商企业的品牌建设和市场扩张。

元宇宙技术推动电商模式创新：元宇宙技术为电子商务模式的创新提供有力支持。在元宇宙中，电商企业可以通过虚拟货币、NFT（非同质化代币）等新型交易方式进行商品交易和支付结算。同时，元宇宙还支持去中心化电商平台的构建，降低传统电商平台的中心化风险和运营成本。这些创新模式不仅为电商企业提供更加灵活和高效的运营方式，还为消费者提供更加便捷和安全的购物体验。

综上所述，虚拟现实、增强现实及元宇宙等数字虚拟技术在电子商务中的应用不断拓展和深化，为电商企业提供更加丰富和多样的展示方式、交互体验及运营模式。随着这些技术的不断发展和完善，电子商务将迎来更加智能化、个性化和去中心化的发展未来。

---

① 张夏恒.数字技术推动跨境电子商务发展的现实路径——以元宇宙技术为例[J].物流研究，2024（05）：82.

第三章　互联网时代电子商务物流发展的探究

第一节　物流与电子商务物流的基本分析

一、物流的构成与作用

物品从供应地到接收地的实体流动过程中，根据实际需求，将运输、储存、采购、装卸搬运、包装、流通加工、配送及信息处理等多项功能有机整合，旨在满足用户需求的全过程，即为物流。

（一）物流的构成要素

物流主要由七大核心要素构成，具体如下：

运输：指利用相关设施与工具，实现物品在不同地点间的物流活动。

库存：库存控制涉及对库存数量与结构的分类、控制与管理，是物流作业中的关键环节。

包装：包装是指为保护产品、便于储运、促进销售，在流通过程中采用特定技术与材料对物品进行封装与保护的活动，同时也包含实施此过程的操作。

搬运：搬运是指在同一场所内，以水平移动为主对物品进行的物流作业，旨在满足货物运输与保管的需求。

流通加工：流通加工是指在物品从生产地到使用地的流通过程中，根据实际需求进行的包装、分割、计量、分拣、贴标、组装等简单作业的总称。

信息管理：信息管理涉及收集和处理与物流相关的计划、预测、动态信息以及生产、市场、成本等方面的数据，以确保物流活动的高效、顺畅运行。

（二）物流的作用

物流的作用主要体现在服务商流、保障生产及便利生活三个方面：

服务商流。在商流活动中，虽然商品所有权在购销合同签订时即发生转移，但商品实体需通过物流过程实现物理移动。除期货交易等特殊情况外，商流通常需伴随相应的物流活动。物流作为商流的后续环节与服务提供者，对于商流活动的实现具有重要意义。缺乏物流支持，商流活动往往难以落实，电子商务的发展对物流的依赖即为典型例证。

保障生产。自原材料采购开始，物流便贯穿于整个生产过程，确保原材料及时到位，保障生产流程的连续性与流动性。合理的物流通过降低运输成本、优化库存结构、提高管理效率等方式，有效推动社会经济水平的提升。

便利生活。物流已深入生活的各个方面，如国际运输使全球品牌触手可及，先进储藏技术让新鲜果蔬四季可享，搬家服务与行李托运则极大地方便了人们的迁徙与出行，提升民众的生活品质。

二、物流对电子商务的重要性

对于电子商务而言，物流扮演着重要角色，是保障电子商务正常运转的关键因素。

（一）保证生产的顺利进行

生产始于原材料采购，物流随即参与，将材料经济合理地运至生产车间以保障生产。

物流在企业成本核算、库存结构调整、资金流通和生产周期等方面意义重大，无物流支持生产无法开展，经济再发达亦如此。许多企业选专业物流企业，可降低成本、提高物流服务水平。我国专业物流企业已发展到一定程度，相比企业自建物流，管理手段与运营模式更成熟，能为企业节省物流成本，使电商企业获得竞争优势。

在电子商务环境中，消费者在网络平台仅完成商品所有权转移即商流环节。可见，电商领域物流是商流后续环节不可或缺的服务支撑，无物流稳固基础商流难推进，缺物流支撑电商对传统消费领域的革新也难以为继。

（二）物流服务于商流

在商品的交易活动中，商品的所有权发生了改变，由供应方转移到了需求方，但是商品并未真正送达需求方的手中。随着电子商务的崛起，越来越多的人选择网上购物，虽然商品所有权的交付过程已经完成，但是商务活动并没有结束。只有消费者拿到商品或者享受到服务，整个电子商务过程才算真正完成。其实，物流在电子商务中扮演着商流的延续者和服务者的角色。只有现代化物流支持，电子商务活动才能轻松实现。

（三）物流是实现"以顾客为中心"理念的根本保证

电子商务极大地便利了消费者群体，使他们不需要亲临实体店即可便捷完成购物过程。然而，当消费者面临商品配送延迟或收到的商品与期望不符等负面体验时，其对于在线购物的持续性参与意愿或将受到显著影响。此现象凸显了物流在电子商务体系中的核心作用。若缺乏先进的物流技术与管理手段，电子商务将难以有效贯彻"以顾客为中心"的服务理念，反而可能因服务不到位而促使消费者回归传统购物模式。因此，物流不仅是商品流通的媒介，更是电子商务实现顾客满意度与忠诚度提升的重要保障。

（四）物流能够有效提高电子商务的运作效率

电子商务的崛起，冲破了传统商业给消费者带来的时间和空间上的限制，同时为消费者提供一个更广阔的市场和更多的选择。

电子商务的全球性和跨区域性要求物流企业不仅要具备提供全球化的物流服务水平，还要有高效的物流配送和物流控制能力。物流企业为电子商务企业提供了一个比较成熟的、简单快速的管理网络，使得电商企业对物流全过程进行管理变得简单快捷，同时对物流信息的方便获取也加快了用户决策的速度、简化了流程。

三、电子商务发展对物流的影响

第一，电子商务为物流创造了一个虚拟性的运动空间。在电子商务的状态下，人们在进行物流活动时，物流的各种功能可以通过虚拟化的方式表现出来，在这种虚拟化的过程中，人们可以通过各种组合方式，寻求物流的合理化，使商品实体在实际的运动过程中，达到效率最高、费用最省、距离最短、时间最少的功能。

第二，电子商务可使物流实现网络的实时控制。传统的物流活动在其运作过程中，不管是以生产为中心，还是以成本或利润为中心，其实质都是以商流为中心，从属于商流活动，因而物流的运动方式是紧紧伴随着商流来运动的。而在电子商务下，物流的运作是以信息为中心的，信息不仅决定了物流的运动方向，而且也决定着物流的运作方式。在实际运作过程中，通过网络上的信息传递，可以有效地实现对物流的实时控制，实现物流的合理化。

第三，电子商务将改变物流企业对物流的组织和管理。在传统经济条件下，物流往往是由某一企业来进行组织和管理的，而电子商务则要求物流从社会的角度来进行系统的组织和管理，以打破传统物流分散的状态。这就要求企业在组织物流的过程中，不仅要考虑本企业的物流组织和管理，而且还要考虑全社会的整体系统。

第四，电子商务将改变物流企业的竞争状态。在传统经济活动中，物流企业之间存在着激烈的竞争，这种竞争往往是依靠本企业提供优质服务、降低物流费用等方面来进行的。在电子商务时代，这些竞争内容虽然依然存在，但有效性却降低。原因在于电子商务需要一个全球性的物流系统来保证商品实体的合理流动，对于一个企业来说，即使它的规模再大，也是难以达到这一要求的。这就要求物流企业应联合起来，在竞争中形成一种协同竞争的状态，以实现物流高效化、合理化、系统化。

第五，电子商务将促进物流基础设施的改善。电子商务高效率和全球性的特点，要求物流业必须达到这一目标。而物流要达到这一目标，良好的交通运输网络、通信网络等基础设施则是最基本的保证。

第六，电子商务将促进物流技术的进步。物流技术主要包括物流硬技术和软技术。传统的物流技术主要指物资运输技术，物流包括运输材料、机械、设施等。现代物流技术则是以计算机信息技术为基础的，如地理信息系统（GIS）、全球卫星定位系统（GPS）、电子数据交换（EDI）、条码技术（BarCode）等。物流技术水平的高低是实现物流效率高低的一个重要因素，要建立一个适应电子商务运作的高效率的物流系统，加快提高物流的技术水平有着重要的作用。

第七，电子商务将促进物流管理水平的提高。物流管理水平的高低直接决定和影响着物流效率的高低，也影响着电子商务高效率优势的实现。只有提高物流的管理水平，建立科学合理的管理制度，将科学的管理手段和方法应用于物流管理当中，才能确保物流的畅通进行，实现物流的合理化和高效化，促进电子商务的发展。

四、电子商务物流系统

（一）电子商务物流系统功能

物流系统是指在实现电子商务特定过程的时间和空间范围内，由所需位移的商品（或物资）、包装设备、装卸搬运机械、运输工具、仓储设施、人员和通信联系设施等若干相互制约的动态要素所构成的具有特定功能的有机整体。电子商务物流系统的目的是实现电子商务过程中商品（或物资）的空间效益和时间效益，在保证商品满足供给需求的前提下，实现各种物流环节的合理衔接，并取得最佳经济效益。电子商务物流系统既是电子商务系统中的一个子系统或组成部分，也是社会经济大系统的一个子系统。

电子商务物流系统与一般系统一样，具有输入、转换和输出三大功能。通过输入和输出使物流系统与电子商务系统及社会环境进行交换，并相互依存。输入包括人、财、物和信息；输出可以包括效益、服务、环境的影响以及信息等；实现输入到输出转换的是电子商务物流的各项管理活动、技术措施、设备设施和信息处理等。

（二）电子商务物流的基本业务流程

电子商务物流系统的基本业务流程因电子商务企业性质不同而有所差异。例如，制造型企业的电子商务系统，其主要业务流程起始于客户订单，中间包括与生产准备和生产过程相关的物流环节，同时包括从产品入库直至产品送达客户的全部物流过程；对销售型的电子商务企业（如销售网站）而言，其物流过程就不包括生产过程的物流，但其商品组织与供应物流和销售物流的功能则极为完善；对于单纯的物流企业而言，由于它充当为电子商务企业（或系统）提供第三方物流服务的角色，因此，它的功能和业务流程更接近传统意义上的物流或配送中心。

虽然各种类型的电子商务企业的物流组织过程有所差异，但从电子商务物流过程的流程看还是具有许多相同之处。具体地说，其基本业务流程一般都包括进货、进货检验、分拣、储存、拣选、包装、分类、组配、装车及送货等。与传统物流模式不同的是，电子商务的每个订单都要送货上门，而有形店铺销售则不用，因此，电子商务的物流成本更高，配送路线的规划、配送日程的调度、配送车辆的合理利用难度更大。与此同时，电子商务的物流流程可能会受到更多因素的制约。

五、电子商务物流管理的实施条件

（一）高水平的企业管理

以市场为导向，以管理为保障，以服务为中心，加快科技进步是电子商务物流的根本出路。只有通过合理的科学管理制度、现代化的管理方法和手段，才能确保物流配送中心基本功能和作用的发挥，从而保障相关企业和用户整体效益的实现。

电子商务物流的高效运作，离不开对物流信息系统的持续优化。通过引入先进的信息技术，如物联网、大数据分析和云计算，可以实现对物流过程的实时监控和管理，提高物流配送的准确性和时效性。此外，强化供应链管理，实现上下游企业间的紧密协作，也是提升整体管理水平的关键。通过这些措施，电子商务物流不仅能够满足市场日益增长的需求，还能在激烈的市场竞争中保持领先地位。

（二）高素质的人员配置

为了确保电子商务物流能够充分发挥其各项功能和作用，并且顺利完成其所承担的任务，人才配置成为至关重要的因素。因此，电子商务物流配送中心在人员配置方面，必须确保决策人员、管理人员、技术人员和操作人员的数量合理，且具备一定的专业知识和较强的组织能力。只有这样，才能保证电子商务物流中心的高效运转。

随着电子商务物流的不断发展，对于各种专业人才的需求也在不断增加。这些专业人才将从事经营、管理、科研、仓储、配送、流通加工、通信设备和计算机系统维护、贸易等业务。因此，加大对人才培养的投入，培养和引进大批掌握先进科技知识的人才，并为他们提供施展才华的机会，显得尤为重要。同时，还应对现有职工进行有计划的定期培训，形成系统的学习科技知识的制度。在企业内部引入竞争机制，形成能上能下的局面，以激发员工的积极性和创新能力。通过增强员工的科技创新意识，培养企业对知识的吸纳能力，促进物流产业的人力资源的开发和利用，从而造就大批符合知识经济时代要求的物流配送人才。

利用各种先进的科学技术和科学方法，促进物流配送产业向知识密集型方向发展，是电子商务物流发展的必然趋势。只有通过高素质的人员配置，才能确保电子商务物流在激烈的市场竞争中保持领先地位，实现可持续发展。

（三）高水平的装备配置

在当前这个复杂多变的市场环境和庞大的用户群体背景下，新型物流配送中心必须配备现代化的装备与管理系统，以满足多样化、个性化的配送需求。特别是计算机网络的广泛应用，已经成为信息收集、分析、决策的关键工具，能够迅速响应市场变化，做出科学决策。同时，现代化的配送设施与网络体系的构建，如自动分拣输送系统、立体仓库、旋转货架、AGV 自动导向系统、商品条码分类系统等，对于提高配送效率、降低运营成本具有重要意义。这些高科技物流装备的应用，不仅提升了物流配送的自动化与智能化水平，还实现了对物流过程的精准控制与管理，为电子商务物流的高效运作提供坚实的物质基础。

此外，先进的物流装备还包括无人机配送、无人搬运车、智能机器人等，这些装备的引入进一步提升了物流配送的灵活性和响应速度。无人机配送能够在短时间内将货物送达偏远地区，解决了传统配送方式难以覆盖的区域问题。无人搬运车和智能机器人则在仓库内部实现了自动化搬运和拣选，大大降低了人力成本和错误率。这些高科技装备的应用，使得物流配送中心能够更好地适应市场需求，提高服务质量，增强竞争力。

在信息技术方面，大数据分析和人工智能技术的应用也日益广泛。通过大数据分析，物流配送中心能够更准确地预测市场需求，优化库存管理，减少积压和缺货现象。人工智能技术则能够实现更智能的路径规划和配送优化，提高配送的时效性和准确性。这些技术的应用，使得物流配送中心能够更好地应对市场变化，提高运营效率，降低运营成本。

第二节　互联网给电子商务物流带来的改变

互联网对电子商务物流的影响是深远且显著的，可以说，没有互联网，就没有现代意义上的电子商务物流。互联网不仅改变了物流行业的运作方式，还极大地提升了物流效率和服务质量。

一、变革沟通与交易

互联网的出现，彻底改变了企业间的沟通方式，使得信息交流变得前所未有的迅速和高效。通过电子邮件、即时通信工具等互联网手段，企业不仅能够实时响应客户的需求，还能在极短的时间内处理订单、确认库存及发货情况，从而简化了交易过程。这种即时沟通的能力，使电子商务物流能够更好地适应市场变化，灵活调整策略，以满足客户的多样化需求。

具体而言，互联网打破了传统沟通方式的时间和空间限制。以往，企业间的沟通往往需要依赖电话、传真或邮件，这些方式不仅耗时较长，还存在信息丢失或误解的风险。而现在，通过即时通信工具，企业双方可以随时随地进行沟通，即时解决问题，确保交易的顺利进行。此外，电子邮件作为一种异步沟通方式，也使得企业能够在非工作时间处理客户咨询和订单，提高工作效率和客户满意度。

互联网还促进企业间的信息共享和协同作业。通过建立企业间的信息共享平台，企业可以实时了解供应链上下游的动态，如供应商的生产进度、库存情况，以及客户的需求变化等。这种信息共享不仅有助于企业提前做出应对，还能优化资源配置，减少浪费，提高整体运营效率。同时，互联网还使得企业间的协同作业变得更加容易，如联合库存管理、协同配送等，这些协同作业模式进一步简化了交易过程，提高了供应链的灵活性和响应速度。

二、促进节点紧密协作

在传统的物流模式中，各个节点之间往往存在着信息孤岛，导致物流效率低下，成本高昂。而互联网的出现，将各个分散的物流节点连接为一个紧密连接的整体，使得整个物流系统能够在较为广阔的范围内高效运作。

互联网通过信息共享平台，使得物流各节点能够实时共享信息，协同作业。例如，在货物从仓库到配送中心，再到最终客户的过程中，通过互联网，仓库可以实时了解货物的出库情况，配送中心可以实时掌握货物的到达和分发情况，而客户则可以通过互联网实时查询货物的配送进度。这种信息共享和协同作业，不仅减少了信息延误和误解，还提高了物流作业的准确性和效率。

互联网还促进物流各节点之间的资源整合和优化。通过物流网络数据平台和大数据的结合，物流企业可以实时分析各节点的运营情况，如仓库的库存周转率、配送中心的配送效率等，从而合理调配资源，优化物流路径。例如，当某个仓库的库存积压时，物流企业可以通过互联网将积压的货物调配到其他库存较充裕的仓库，以实现资源的合理利用。同时，互联网还推动仓库前置、智能分仓等新型物流模式的发展,这些模式通过优化仓库布局和库存管理,进一步提高物流效率。

三、优化资源配置与效率

随着互联网技术的飞速发展,其在电子商务物流中引导和整合资源配置的功能越来越强大。通过物流网络数据平台和大数据的结合,物流企业可以实时分析市场需求、库存情况、运输能力等数据,从而合理分配网络内闲置的物流资源,减少过度运输和空驶现象。

互联网通过数据分析,帮助企业实现精准预测和动态调整。例如,在销售旺季来临前,物流企业可以通过互联网分析历史销售数据和市场需求趋势,提前调配运输车辆和仓库资源,以确保货物的及时配送。同时,在运输过程中,互联网还可以实时监控运输车辆的行驶情况和货物的装载情况,从而及时调整运输路线和配送计划,避免拥堵和延误。

互联网还推动新型物流模式的发展,如仓库前置和智能分仓。仓库前置模式通过将仓库设置在靠近客户的地方,缩短了配送距离和时间,提高配送效率。而智能分仓模式则通过大数据分析和预测,将货物分配到最优的仓库,以实现库存的合理分布和快速响应。这些新型物流模式不仅提高物流效率,还降低物流成本,提升企业的竞争力。

四、赋予电子商务物流开放性与拓展性

互联网具有无限的开放性和拓展能力,这使得电子商务物流系统能够连接更多的节点,形成庞大的物流网络。在这个网络中,每一个节点都在发挥着自己的作用,而整个物流系统则能够在较为广阔的范围内高效运作。

互联网的开放性使得电子商务物流系统能够随时接入新的节点。例如,当某个地区的市场需求增加时,物流企业可以通过互联网快速找到当地的合作伙

伴，如配送中心、仓库等，以扩展物流网络。这种开放性不仅提高物流系统的灵活性和响应速度，还使得企业能够更好地适应市场变化，抓住商机。

互联网的拓展能力使得电子商务物流系统能够不断升级和优化。通过引入新的技术和设备，如物联网、人工智能等，物流企业可以不断提升物流作业的自动化和智能化水平。例如，通过物联网技术，物流企业可以实现对货物的实时追踪和监控，提高配送的准确性和安全性；通过人工智能技术，物流企业可以实现对物流数据的深度分析和预测，优化物流路径和库存管理。这些技术和设备的应用，不仅提高物流效率，还降低物流成本，提升企业的服务水平。

此外，互联网的开放性和拓展能力还使得电子商务物流系统能够更好地应对各种突发情况。当某个节点出现问题时，如仓库爆仓、配送中心瘫痪等，其他替补节点可以迅速补充，确保整个物流系统的稳定运行。这种灵活性和可靠性不仅提高客户的满意度和忠诚度，还增强企业的抗风险能力。

五、提升物流效率

电子运单加快发货效率。电子运单的出现，极大地提高了发货效率。相对于传统的四联单，电子运单打印速度更快、成本更低、操作更简便。客户可以通过客户端软件或快递网站在线下单，快递企业可以提前安排货运资源并省去人工录入信息的工作，从而提高配送反应速度并降低失误率。

完善数据链，减少过度运输。互联网的发展推动大数据在物流领域的应用。通过物流网络数据平台和大数据的结合，物流企业可以完善数据链，指引客户选择合适的速递提供商，合理分配网络内闲置的物流资源，从而减少过度运输和空驶现象。

仓库前置，提升时效。互联网推出了综合消费趋势和大数据计算的新型仓配网络，实现了"订单未动，物流先行"。通过大数据智能分仓，将库存前置到离消费者更近的地方，提高物流时效。

货不动数据动，减少物流成本。新型仓配网络的建立使得商品不需要频繁移动，而物流数据则产生变化。这种"货不动数据动"的模式有效减少物流成本，提高物流效率。

六、改变流通体系

塑造资源汇聚度更高的新型流通生态和组织模式。互联网平台将流通市场的各类资源、服务汇集到网上，形成了资源、服务的网络集散门户和新型集聚形态。电商平台通过整合供应方、需求方和其他第三方服务商，实现了各类流通资源在互联网上的高效聚集。同时，电商平台还通过信息模块延伸的方式，低成本地添加各种配套服务，提升流通市场的极致细分化与专业化水平。

关系型销售网络和共享经济得到快速发展。以互联网社交平台为代表的线上交流互动正在改变传统的社交模式，并衍生出部落化社群商业业态。社群电商通过集体订单、分享专业产品知识等形式，提升流通渠道的定制化和专业化程度。同时，社区化众包等共享经济模式也利用移动互联网实现了基于社区关系的交易渠道和配送服务。

随着互联网技术与大数据、3D打印、云计算等技术的结合，C2B、C2M等理念将重塑流通体系。未来的流通环节将更加扁平化，商业区与旅游区融合，网络终端平台泛在化。这些变化将极大丰富流通渠道的概念内涵，推动流通渠道自身迭代更新的速度加快。

七、顺应社会化与智慧物流发展趋势

在电子商务物流领域，社会化物流与智慧物流已成为不可逆转的发展趋势。社会化物流通过整合社会资源，实现物流服务的专业化和高效化，而智慧物流则借助先进的信息技术和知识，解决物流作业过程中的运筹和决策问题。

智慧物流的核心在于利用大量的知识和技术，对物流作业过程进行精细化的管理和优化。例如，在库存管理方面，智慧物流系统可以通过大数据分析，预测未来的销售趋势和库存需求，从而确定最优的库存水平，避免库存积压或缺货现象的发生。在运输路径选择上，智慧物流系统可以利用实时交通信息和历史数据，计算出最优的运输路线，减少运输时间和成本。

电子商务的蓬勃发展带来了物流业务的快速增长，这不仅推动了物流业的发展，还为物流行业创造了大量的就业机会，从而影响物流业就业情况[1]。大数据的发展为社会化物流和智慧物流提供坚实的技术基础。通过收集和分析海量的物流数据，物流企业可以更加准确地了解市场需求、库存状况、运输能力等关键信息，从而做出更加科学的决策。同时，大数据还使得物流业能够实现信息的数据化，将各种物流信息转化为可供分析和利用的数据资源。这些数据资源可以通过云端共享，使得物流企业和合作伙伴能够实时获取所需的信息，协同作业，提高整体物流效率。

随着技术的不断进步和应用场景的不断拓展，社会化物流与智慧物流将进一步发展壮大。物流企业需要紧跟时代步伐，积极引入新技术、新模式，不断提升自身的服务水平和竞争力，以适应市场的变化和客户的需求。同时，政府和社会各界也应给予物流业更多的关注和支持，共同推动电子商务物流行业的健康、快速发展。

第三节　互联网时代电子商务物流的发展策略

随着信息技术的飞速发展和消费模式的深刻变革，传统物流模式已难以满足电子商务高效、便捷、个性化的服务需求。因此，探索并实施适应新时代特

---

① 张禹.电子商务发展对物流业就业情况的影响研究——基于信息化水平的中介效应[J].生产力研究，2024（07）：36.

点的电子商务物流发展策略，对于推动整个行业的转型升级具有重要意义。

一、互联网引擎：助推电子商务物流产业的全面升级

互联网技术的广泛应用，为电子商务物流产业的升级提供强大的动力。大数据、云计算、物联网等先进技术的融合应用，使得物流信息的处理与分析能力得到显著提升，为物流决策提供更加精准的数据支持。通过构建智能化的物流信息系统，可以实现物流资源的优化配置，提高物流响应速度和运营效率。例如，利用大数据分析预测消费者需求，提前调整库存布局，减少库存积压和运输成本；通过云计算平台整合物流资源，实现物流服务的按需分配和灵活调度；物联网技术的应用则能够实时监控物流状态，确保货物安全，提升客户满意度。因此，加速互联网技术与电子商务物流的深度融合，是推动产业升级的关键所在。

二、跨界融合新路径：重塑电子商务物流生态体系

面对日益激烈的市场竞争，物流企业应摒弃传统的零和博弈思维，转而寻求跨界合作，共同构建开放共赢的物流生态体系。通过与企业、供应商、消费者等多方建立战略联盟，共享数据资源、技术成果和市场渠道，可以有效降低物流成本，提升服务质量和效率。例如，与电商平台合作，实现订单信息的无缝对接，减少信息传递的中间环节；与制造商合作，共同优化包装设计，提高运输效率；与科研机构合作，研发新技术，推动物流装备的智能化升级。此外，还应积极探索线上线下融合的新模式，如建立线上线下一体化的物流服务站，提供更加便捷、个性化的物流服务体验。

三、法规保障：为电子商务物流发展保驾护航

随着电子商务物流行业的快速发展，相关法律法规的完善成为保障行业健

康发展的重要基石。政府应加快制定和完善相关法律法规，明确物流行业的权利与义务，规范市场秩序，保护消费者权益。同时，加大对电子商务物流的政策支持力度，通过财政补贴、税收优惠、技术支持等措施，鼓励企业加大投入，促进产业升级。此外，还应建立健全监管机制，加强对物流企业的监管，确保物流服务的安全、可靠、高效。政府应作为行业的引导者和监管者，为电子商务物流的发展创造良好的外部环境。

四、人才培育与资源共享：双轮驱动电子商务物流新未来

在电子商务物流领域，人才是推动行业发展的核心要素。为了实现行业的持续创新和进步，培养具备信息技术、物流管理、国际贸易等多方面知识的高素质复合型人才显得尤为重要。这些人才不仅能够为电子商务物流行业注入新的活力，还能通过他们的专业知识和技能，推动行业在技术、管理和国际贸易等方面的创新。

第一，行业应加强与高校、科研机构的合作。通过设立奖学金、实习实训基地等方式，可以为学生提供实践机会，让他们在学习过程中更好地了解行业现状和发展趋势，从而激发他们的兴趣和热情。此外，与高校和科研机构的合作还能促进学术交流和研究成果的转化，为行业带来新的理论支持和技术突破。

第二，加大对现有物流人员的培训力度也是至关重要的。通过定期举办专业培训课程、提供在线学习资源等方式，可以提升物流人员的专业技能和综合素质，使他们能够更好地适应行业发展的需求。同时，企业还应鼓励员工参加各种行业交流活动，拓宽他们的视野，增强他们的创新意识和团队协作能力。

五、智能化转型探索：创新电子商务物流配送体系新模式

电子商务物流配送作为集运输、储存、装卸、货运、数据处理等于一体的

复合型行业，为社会经济的发展提供重要的后勤保障[①]。互联网时代电子商务物流的发展策略应立足于技术创新、跨界融合、法规保障、人才培育和智能化转型等多个维度，通过引入人工智能、机器人、自动化设备等先进技术，可以实现物流作业的自动化、智能化和高效化。例如，利用 AI 算法优化配送路线，减少运输时间和成本；通过机器人分拣系统提高分拣效率和准确性；运用无人机、无人车等智能配送工具，实现"最后一公里"的无接触配送。此外，还应积极探索物联网、区块链等技术在物流领域的应用，实现物流信息的透明化、可追溯化，增强消费者对物流服务的信任感。智能化转型不仅要求物流企业在技术上进行革新，更需要在管理模式、服务理念上进行深刻的变革，以适应新时代消费者的需求变化。

面对未来，电子商务物流企业应把握机遇，迎接挑战，不断探索和实践新的发展路径，为构建更加便捷、高效、安全的物流生态体系贡献力量。

第四节 电子商务物流模式创新及其智能化发展

一、企业自营物流模式及其智能化发展

在现代商业环境中，企业自营物流作为一种基于供应链物流管理并以制造企业为核心的经营策略，正逐渐成为企业提升竞争力的重要手段。

（一）企业自营物流模式的优势分析

增强控制力。自营物流模式赋予企业对供应、生产及销售全链条物流活动的全面控制权，确保物流流程与业务战略的紧密协同，有效减少外部依赖带来

---

① 朱育林，杨晓丹，郑晖 . 消费者需求导向下电子商务物流配送体系优化 [J]. 老字号品牌营销，2022（22）：97.

的不确定性。

提升服务效能。通过自建物流体系，企业能够更直接、高效地响应生产经营中的物流需求，提供定制化、高质量的物流服务，支撑企业运营的高效运转。

优化协调性。自营物流可根据企业生产经营的特定需求进行定制化设计，实现物流作业流程的合理规划与高效协调，促进供应链上下游的无缝对接。

强化专业性。专注于服务企业自身经营活动，自营物流在了解业务需求、提供专业解决方案方面具备显著优势，有助于提升物流服务的专业性和针对性。

（二）企业应对物流行业矛盾的策略探讨

面对物流行业日益复杂多变的挑战，企业需采取一系列策略以有效应对，确保自营物流模式的稳健运行：

掌握业务控制权，主动布局市场。通过加强对物流关键环节的控制，企业能够更好地把握市场动态，灵活调整物流策略，以应对激烈的市场竞争。

盘活企业资源，开拓第三利润源。将物流视为企业战略资源的一部分，通过优化资源配置、提高物流效率，挖掘物流环节潜在的利润增长点，为企业创造新的价值来源。

降低转制成本，规避外购风险。自营物流可减少因外包产生的交易成本和信息不对称风险，通过内部化管理降低物流成本，提高物流服务的可靠性和稳定性。

保护商业秘密，维护经营安全。自营物流模式有助于企业更好地控制物流信息的流通，防止商业秘密泄露，保障企业的核心竞争力不受损害。

降低系统运作成本，实施一体化管理。通过整合物流资源、优化物流网络布局，企业可以实现物流系统的高效运作，降低整体运营成本，提升物流管理的集成度和协同性。

提升顾客满意度，增强品牌价值。自营物流使企业能够更直接地掌握顾客需求，提供个性化、高质量的物流服务体验，从而增强顾客忠诚度，提升企业的品牌形象和市场价值。

（三）J自营物流模式的案例分析

J企业于1998年6月在北京中关村创立，2004年正式涉足电商领域。企业秉持"先人后企"的经营理念，遵循"客户为先、诚信、团队、创新、激情"的价值观，致力于在电商行业实现持久健康发展。作为J集团的核心业务部门，J电商已成为中国知名的自营电商企业，肩负着科技引领生活的企业使命，期望成为全球最值得信赖的企业。其全面升级的"一体两翼——正道成功、客户为先、只做第一"的经营理念已深入人心。

1.J的自营物流体系

J电商，凭借其强大的自营物流体系，在电商领域独树一帜。自2007年起，J便着手构建自己的物流网络，从物流中心到配送站，再到自提点，一步步完善其物流布局。特别是在北京、上海、广州等一线城市，其物流体系尤为成熟。随着时间的推移，业务逐渐拓展至全国各大城市，实现了对一二线城市的全面覆盖。

2009年，J在上海成立专业快递企业，并投资建设了"华东物流仓储中心"，进一步提升物流效率。至2012年，更是大手笔投资，在全国多地建立起现代化的物流服务中心，其中"亚洲一号"更是成为全亚洲自动化水平最高、规模最大的电商运行平台，彰显了J在自营物流领域的领先地位。

时至今日，J还在不断探索智慧物流，通过筹建更多"亚洲一号"、发展无人机配送等业务，力求降低人力成本，提升物流效率。J电商物流的优势在于自建物流带来的长期成本节约、服务质量的提升、物流系统的灵活调整以及客户资源的有效保护。这些优势为J电商的持续发展奠定了坚实的基础。

2.J物流体系运行管理

（1）采购环节运行管理

J电商建立完整管理系统，SKU引进后由采购、招商部前期负责，运营部门后期承担。招商部设总部及一至三分部，还有海外部、精品部；采购部设总部及六个分部，在六个城市设立专业采购团队，提供售前咨询、售中跟踪及售后服务。采用自营模式，与供应商签订订单，完成采购、入库、分类、图文编辑、上线、推广及配送。

（2）库存环节运行管理

J电商与国外某软件公司合作，打造自己的仓储商品物流属性采集项目，利用RealSense实感摄像头和自主研发技术，自动采集仓储货物属性与信息，提高入库前物流信息采集效率，节省人力物力资源。

（3）运输环节运行管理

J电商组建专业运输车队，负责主要道路物流运输，连接各城市仓库与全国八大物流中心。自营干线运输车队如上海至北京仅需1620小时，减少停靠站点、装卸次数，提高运输速度和质量。

（4）配送环节运行管理

采用分布式仓库布局控制配送成本，满足配送时效与速度要求。优化物流配送系统，开发"青龙"项目，提高配送效率。配置PDA终端系统，加快运单信息收集与传递，建立自提柜系统，优化配送路线，提高客户满意度。

（5）逆向物流成本运行管理

J电商提供便捷的退换货服务，通过电话或线上预约快递上门，提高客户体验。逆向物流包括退换货产品取回、入库、上架及二次运出，成本较高。J电商通过优化退换货流程，降低逆向物流成本。

3.J自营物流模式的对策建议

（1）通过项目外包降低自营成本

针对三四线城市物流需求少、自建成本高的现状，J电商可将部分业务外包给当地物流企业，降低人力成本和资金投入。选择专业化水平高、服务质量好的第三方物流企业，签订合作协议，保证配送质量。

（2）培养专业人才，发展智慧物流

与高校合作培养物流专业人才，实施轮岗制提高员工专业水平。加强员工心理素质培训，完善奖惩制度。发展智慧物流，建立智慧物流信息系统，提高物流信息传递效率，优化决策支持，降低人力成本。

（3）提高自建物流的资源利用率

通过分阶段、分层次、分客户设置不同收费和服务标准，扩大物流服务范围，提高资源利用率。为更多企业和消费者提供专业物流服务，充分发挥自营物流的规模效应。

（4）提高服务补救措施质量

从源头上遏制逆向物流发生，严格把控商品供应商选择，细致检查入库工作。提高退换货信息系统效率，快速定位问题并落实到责任人。简化退换货流程，提高售后服务处理效率，授予售后人员灵活处理问题的权力。建立配送路线优化系统，确保退换货流程快速及时，做好沟通解释工作，提高客户满意度。对售后信息进行反馈总结，不断完善经营管理方式，树立良好企业形象。

二、物流联盟模式及其智能化发展

物流联盟是制造业、销售企业与物流企业基于正式相互协议构建的一种物流合作关系。参与联盟的企业汇聚、交换或整合物流资源以谋求共同利益，且合作企业在合作期间仍保留各自独立性。物流联盟旨在通过企业间相互信任、共担风险与共享收益的伙伴关系，实现比单个企业从事物流活动更优的效果。企业在物流合作中并非单纯追求自身利益最大化或共同利益最大化，而是借助契约构建起优势互补、要素双向或多向流动的中间组织形式。联盟具有动态性，一旦合同终止，成员企业便恢复为追求自身利益最大化的独立个体。在选择物流联盟伙伴时，需着重考量物流服务提供商的类型及其经营策略。通常而言，组成物流联盟的企业相互依赖性较强，各成员企业明确自身在联盟中的优势与角色定位，减少内部对抗与冲突，分工明确，促使供应商专注于提供客户定制化服务，最终提升企业竞争力与竞争效率，满足企业跨地区、全方位物流服务需求。

（一）物流联盟产生的原因

第一，利益驱动是物流联盟形成的核心根源。企业间存在共享利益构成物流联盟构建的基础。生产运输企业借助物流或供应链联盟形式，有助于提升物流效率，实现物流效益最大化。

第二，大型企业为维系核心竞争力，选择将物流业务外包给一个或多个第三方物流企业，以物流联盟形式达成合作。

第三，中小企业为改善物流服务水平，借助联盟弥补自身能力短板。近年来，随着居民消费水平的提升[①]，零售业蓬勃发展，在为物流业带来机遇的同时也带来挑战。鉴于我国物流长期发展滞后，如物流设备陈旧、技术落后、资金短缺以及物流区域行政分割等问题，众多中小企业难以迅速适应新需求，故而通过联盟方式化解矛盾。

第四，以第四方物流为核心对物流服务各机构尤其是第三方物流企业进行整合，可在数量与质量层面显著提升服务能力，解决单一企业或第三方物流机构难以完成的任务，由此催生新型联盟模式。

第五，国际互联网技术广泛应用为跨地区物流企业联盟创造可能。信息高速公路建成使世界地理距离大幅缩短，异地物流企业可借助网络实现信息资源共享，为联盟构建提供有利条件。

第六，我国物流企业面临跨国物流企业竞争压力，需以物流联盟形式应

---

① 王丽琴.电子商务、商品流通效率与居民消费结构升级关系分析[J].商业经济研究，2024（18）：72.

对。中国经济快速发展吸引了大量国外投资，潜力巨大的物流业成为外资关注的焦点。例如，丹麦的马士基公司全面进军中国物流业并在上海设立全国配送中心。面对强劲的国际竞争对手，我国物流企业唯有结盟，通过各行业及各环节业务企业的联合，实现物流供应链全过程有机融合，依靠多家企业合力抵御国外大型物流企业入侵，凝聚强大力量，共担风险，共享荣辱，方有机会在竞争中保持不败。

（二）物流联盟的优势

第一，大型企业可借助物流联盟迅速拓展全球市场。物流联盟的建立，使企业得以利用合作伙伴的物流资源，快速渗透到新的市场区域，提高物流效率。这不仅有助于企业缩短交货周期，提升客户满意度，还能有效降低物流成本，增强企业在全球市场的竞争力。通过物流联盟的全球配送网络，大型企业能够更加灵活地调配资源，应对市场变化，从而推动业务在全球范围内的顺利开展，实现跨国经营的规模效应和品牌影响力。此外，物流联盟还能促进成员间的信息共享和技术交流，进一步提升物流服务的质量和创新能力，为企业的全球化战略提供强有力的支撑。

第二，长期供应链关系向联盟形式演进有助于降低企业风险。单个企业力量有限，在某一领域探索失败可能遭受重大损失。多个企业联合可在不同领域分别探索，降低风险，而且联盟企业行动具备协同性，能共同应对突发风险，增强整体抗风险能力。

第三，企业（特别是中小企业）通过与物流服务提供商结成联盟，可有效降低物流成本（联盟整合可节约成本 10% ～ 25%），提升企业竞争力。

第四，第三方物流企业通过联盟可弥补业务范围内服务能力的不足。例如，联邦快递发现自身航空运输业务存在短板，遂将非核心业务外包给其他公司，与之结成联盟，使其成为自身第三方物流提供商。

（三）物流联盟的方式

物流联盟方式主要包括以下几种：

纵向（垂直一体化）：基于供应链一体化管理形成的，涵盖从原材料供应到产品生产、销售及服务的全流程合作关系。纵向联盟在为最终客户提供最大价值的同时实现联盟总利润最大化。然而，该联盟稳定性欠佳，在整个供应链中难以确保各环节同时实现利益最大化，可能削弱部分企业积极性，导致其有退出联盟的潜在可能。

横向（水平一体化）：由处于平行地位的多家物流企业（包括第三方物流）结成联盟。这种联盟可使分散物流获取规模经济与集约化运作效益，降低成本并减少社会重复劳动。但该模式存在局限性，需大量商业企业参与且有充足商品，方可充分发挥整合与集约化处理优势，同时商品配送方式的集成化与标准化亦非易事。

混合模式：包含处于上下游位置以及平行位置的物流企业共同参与加盟。

以项目为管理的联盟模式：以项目为核心，各物流企业展开合作形成联盟。该模式局限于特定项目，联盟成员合作范围相对狭窄，优势不够突出。

基于 Web 的动态联盟：在激烈的市场竞争环境下，为占据市场主导地位，供应链须构建动态网络结构，以适应市场变化、柔性、速度、革新与知识需求。无法满足供应链要求的企业将被淘汰，同时从外部引入优秀企业。如此，供应链成为可快速重构的动态组织，实现动态联盟，但该联盟方式稳定性不足。

随着智能化技术在物流领域的深度渗透，物流联盟模式也在不断演进与创新。智能化系统能够对物流联盟内的资源进行更精准的调配与优化。例如，通过大数据分析预测物流需求，提前规划联盟内各企业的资源分配，提高物流运作效率。同时，智能监控与预警技术可增强联盟应对风险的能力，实时监测物流各环节中的异常情况并及时发出警报，便于联盟企业协同一致采取应对措施，进一步提升物流联盟在复杂市场环境下的竞争力与适应性，推动物流联盟模式朝着更加高效、智能、协同的方向发展。

三、第三方物流模式及其智能化发展

第三方物流模式是指由独立于供需双方的专业物流企业，以合同契约为基础，为客户提供全方位或特定环节的物流服务的运作模式。

第三方物流内部构成大体可划分为两类：资产基础供应商与非资产基础供应商。资产基础供应商自身拥有运输工具及仓库等物流设施，能够切实开展物流实务操作；非资产基础供应商属于管理型企业，自身并不持有或租赁资产，主要凭借提供人力资源及先进的物流管理系统，对客户的物流功能予以专业管理。广义的第三方物流可界定为上述两者的有机结合。凭借专业化、规模化等显著优势，第三方物流在分担企业风险、削减经营成本、提升企业竞争力以及加速物流产业的构建与重塑等诸多方面发挥着极为关键的作用，已然成为未来物流发展的主流趋向。狭义层面的第三方物流特指能够提供现代化、系统性物流服务的第三方物流活动。

（一）第三方物流模式的基本特征

关系合同化：第三方物流主要借助契约形式对物流经营者与物流消费者之间的关系予以规范。物流经营者依据契约所规定的要求，提供多功能、全方位、一体化的物流服务，并依托契约对所提供的全部物流服务活动及其流程实施管理。此外，第三方物流在构建物流联盟时，同样借助契约形式明晰联盟各参与者之间的权利、责任与利益关系。

服务个性化：首先，不同的物流消费者对于物流服务存在差异化要求。第三方物流需依据不同物流消费者在企业形象塑造、业务流程设计、产品特性、顾客需求特征以及竞争需求等方面的独特诉求，提供极具针对性的个性化物流服务及增值服务。其次，从事第三方物流业务的经营者由于受到市场竞争、物

流资源分布以及物流能力差异等因素影响，有必要聚焦核心业务领域，持续强化所提供物流服务的个性化与特色化特质，以此增强在物流市场中的竞争能力。

功能专业化：第三方物流所提供的服务具有高度专业性。从物流系统设计、物流操作流程规划、物流技术工具应用、物流设施配备到物流管理体系构建，均需彰显专业化水准。这既是物流消费者的客观需求，又是第三方物流自身持续发展的基本前提。

管理系统化：第三方物流应具备系统性的物流功能体系，此乃其产生与发展的根本性要求。第三方物流唯有构建现代化管理系统，方可契合运营与发展的基本需求，实现高效、有序的物流运作管理。

信息网络化：信息技术构成第三方物流发展的重要基石。在物流服务进程中，信息技术的蓬勃发展推动信息实时共享的实现，促进物流管理的科学化进程，极大地提升物流效率与效益水平。

（二）第三方物流模式的战略选择

在除高度垄断行业之外的领域，单体个企业通常难以对所处市场环境施加实质性改变，其成功的关键要素在于如何有效适应市场环境并制定适宜的发展战略。依据国际上广泛流行的市场营销理论，企业主要的竞争战略选择包括成本领先战略、集中化战略以及差异化战略三种类型。该理论框架在较大程度上能够涵盖或阐释其他竞争理论，物流行业的竞争战略同样可借助这一理论框架予以剖析。

1. 成本领先战略

当企业与竞争者提供同质化的产品及服务时，唯有通过有效途径确保产品和服务成本在长时间内低于竞争对手，方能在市场竞争中脱颖而出，此即成本领先战略的核心内涵。在生产制造行业，往往借助推行标准化生产流程以及扩大生产规模的方式，摊薄管理成本与资本投入，进而获取成本竞争优势。而第三方物流领域，则应着力构建一个高效的物流操作平台，以此分摊管理成本与信息系统成本。在一个高效运作的物流操作平台上，当新增一个具有相同需求的客户时，其对固定成本的影响微乎其微，从而自然具备成本竞争优势。

2. 集中化战略

集中化战略强调将企业的注意力与资源聚焦于有限的特定领域。这主要基于不同领域在物流需求方面存在显著差异，例如，IT 企业更多倾向于采用空运及零担快运方式，而快速消费品行业则更多选用公路或铁路运输。鉴于每家企业的资源均具有有限性，任何企业都难以在所有领域实现全面成功。第三方物流企业理应深入剖析自身优势以及所处外部环境，精准确定一个或若干重点领域，集中企业资源，实现业务突破。

集中化战略同时表明，在国内企业对第二方物流尚未普遍认可之前，第三方物流企业必须聚焦于那些更具现实可行性的市场领域。需要着重强调的是，这种集中化战略并非单纯局限于企业业务拓展方向的集中，而是要求企业在人力资源招募与培训、组织架构搭建、相关运作资质获取等多方面均实现协同集中。否则，单纯的业务集中只会导致错失市场机遇并造成资源浪费。

3. 差异化战略

差异化战略旨在使企业针对客户的特殊需求，将自身与竞争者或替代产品有效区分开来，向客户提供有别于竞争对手的独特产品或服务，且这种独特性在短期内难以被竞争对手复制。企业在聚焦特定领域后，应着重思考如何通过服务创新将自身与该领域的竞争对手形成鲜明差异，进而塑造核心竞争力。倘若具有特殊需求的客户群体能够形成足够规模的市场容量，差异化战略则不失为一种可行的战略选择。差异化战略选择的思路主要包括定位差异化与服务差异化两个维度。

（1）定位差异化

定位差异化旨在为客户提供有别于行业竞争对手的服务内容与服务水准。

通过精准匹配客户需求与企业自身能力，确定企业的市场定位，并将此定位作为差异化战略的实质性标识。差异化战略以深入洞悉客户需求为起始点，以创造高价值并满足客户需求为终极目标。因此，企业在抉择其服务范围与服务水平时，首要考量的是客户究竟期望获得何种类型以及何种水准的服务。

（2）服务差异化

服务差异化是针对不同层次的客户提供具有针对性的差异化服务。定位差异化侧重于凸显与竞争对手的差异，而服务差异化更强调客户群体的多样性与差异性。客户对于企业的重要性无论如何强调都不为过，因为客户之间存在显著差异，客户自身条件千差万别，其对满意的期望亦各有不同，企图以单一服务水平满足所有客户需求是不切实际的。由于不同客户对企业利润的贡献程度存在差异，其对企业的重要性自然不尽相同。对于企业利润贡献较大的重要客户，往往对企业提供的服务水平有着更高要求。鉴于企业实施差异化战略，不同企业因差异化战略的实施而确定的重要客户群体亦会有所不同。

随着智能化技术在物流行业的深度融合与广泛应用，第三方物流模式正经历深刻变革与创新发展。智能化系统能够基于大数据分析对物流需求进行精准预测，进而优化物流资源配置，提高物流设施与运输工具的利用率，实现物流成本的进一步降低。例如，通过智能仓储管理系统，可实现货物的自动存储、分拣与调配，大幅提升仓储作业效率。在物流配送环节，智能路由规划与车辆调度系统能够根据实时交通状况、货物重量体积以及客户需求等多维度因素，制定最优配送路径，减少运输时间与能源消耗。同时，智能物流设备如自动分拣机器人、智能叉车等的应用，不仅提高了物流操作的准确性与效率，还降低了人力成本与劳动强度。此外，借助物联网技术，第三方物流企业能够实现对货物运输全过程的实时监控与智能预警，确保货物安全、准时送达，显著提升物流服务质量与客户满意度。智能化发展趋势促使第三方物流企业不断优化内部管理流程，加强与供应链上下游企业的信息共享与协同合作，进一步拓展服务领域与增值服务内容，从而在激烈的市场竞争中持续提升自身竞争力与市场地位，推动第三方物流行业向更加高效、智能、绿色的方向迈进。

四、第四方物流模式及其智能化发展

第四方物流（Fourth Party Logistics，简称4PL）作为一种创新的物流模式应运而生，旨在通过整合各方资源，提供全面的供应链解决方案，以满足日益复杂的市场需求。第四方物流的提出，旨在弥补第三方物流在技术和人才方面的不足，通过更加规范化的管理，密切客户与物流服务提供商之间的关系。

随着智能化技术的飞速发展，第四方物流模式正经历着深刻的创新与优化。大数据分析、云计算、物联网等先进技术的引入，使得第四方物流能够更精准地预测市场需求，优化供应链管理流程，显著提升物流效率，并有效降低运营成本。智能化不仅增强第四方物流的服务能力，更为电子商务物流模式的革新注入了新的活力。在智能化的驱动下，第四方物流能够实现资源的优化配置，通过实时数据分析与智能决策支持，为客户提供更加个性化、灵活的供应链解决方案。同时，智能化技术的应用还提升第四方物流的风险管理能力，使其能够更准确地预测并识别潜在风险，及时采取应对措施，从而降低供应链中断的风险。

（一）第四方物流和第三方物流的关系

第四方物流与第三方物流关系紧密且相互依存，第三方物流是第四方物流的基础，非第三方物流企业从事第四方物流的案例则彰显其指导性作用，可整合物流源提升服务质量与供应链效益。二者可在以下几方面协同合作：

在服务提供上，能力重心各异却共同承担，合理分工能提升物流效率与规模效益。就信息平台搭建而言，虽信息搜集与利用程度有别，但需共同构建以实现共享，第四方物流主导且依赖第三方物流数据，还可借此规范标准、弥补缺陷。

在集成供应商方面，第三方物流可独自或通过转包商服务，第四方物流则集成多方资源提供供应链解决方案，且可考察、比较甚至收购、兼并第三方物流。

在供应链体系中，二者角色分明又互为补充，第四方物流受第三方物流制约，第三方物流效率取决于第四方物流战略目标，共同推动供应链发展。

（二）第四方物流的优势

提供全面的供应链解决方案。这一优势体现在第四方物流能够结合管理咨询服务与第三方物流的专业能力，通过联合优秀的合作伙伴，为客户设计和实施涵盖执行、实施、变革、再造四个层次的供应链策略。这种全方位的策略确保供应链各环节的高效运作与持续优化，从而为客户提供更加精准和高效的物流服务。第四方物流不仅关注当前的供应链需求，还着眼于未来的改进和创新，确保供应链策略能够适应不断变化的市场环境和客户需求。

整合供应链资源增加价值。第四方物流通过整合包括第三方物流、信息技术供应商、呼叫中心等在内的多方资源，构建全方位的供应链服务体系。这种服务体系不仅能够满足企业的复杂需求，而且在整个供应链流程中创造和增加价值，提升整体供应链的竞争力和效率。第四方物流通过优化资源配置，减少冗余环节，提高物流效率，从而降低客户的运营成本。同时，第四方物流还能够利用先进的信息技术，实现供应链信息的实时共享和透明化，进一步提升供应链的响应速度和灵活性。

（三）第四方物流的主体——管理咨询企业

管理咨询企业凭借其深厚的行业洞察力与跨领域知识积累，擅长对企业运营状况进行全面剖析，并引入前沿管理理念与实践经验。这类企业往往通过协同合作模式，深度嵌入客户企业的运营流程中，为其量身定制物流优化策略。

作为第四方物流的引领者，管理咨询企业不仅关注物流流程的优化与成本的降低，更注重通过引入创新的管理理念与技术手段，帮助客户构建更加灵活、高效且可持续的供应链体系。它们能够借助自身的行业影响力与资源网络，为客户搭建与优质物流服务商的合作桥梁，确保物流方案的顺利实施与持续优化。

此外，管理咨询企业还擅长风险管理与危机应对，能够在复杂的物流环境中帮助客户预见并规避潜在风险，确保供应链的稳定与安全。因此，管理咨询企业作为第四方物流主体，不仅为客户提供专业的物流服务，更成为其供应链战略的重要伙伴与智囊团。

（四）第四方物流的运作模型

协同运作模型：第四方物流与第三方物流建立紧密的合作关系，共同开拓市场。第四方物流凭借其专业的技术实力与供应链策略知识，为第三方物流提供有力的支持，共同提升服务质量，实现市场共赢。

方案集成商模型：第四方物流在此模式中扮演着供应链解决方案的提供者与整合者的角色。它们不仅为客户设计并实施全面的供应链管理方案，还负责综合管理自身与第三方物流的资源，确保供应链的顺畅运行与高效协同。

行业创新者模型：针对多个行业客户的需求，开发并提供具有创新性的供应链解决方案。通过整合供应链的各个职能环节，它们致力于提升整个行业的运营效率与竞争力。

（五）C驿站的案例分析

C物流网络是一个贯彻"平台化"思想的开放化大平台，其业务模式是各种电商模式的大融合，各参与方将实现资源和信息的共享，而物流基础环节将延伸至采购管理、订单管理、库存管理、商品管理等供应链管理的各个环节，从而进一步跃升成为世界级水平的供应链管理。因此，C物流网络将推进、催化和加速物流一体化的大融合。

1.C驿站的建设现状

C驿站是由C网络牵头，在社区和校园开设的物流服务平台。主要由微小个人商户组成，为用户提供包裹代收、代寄等服务后，再交由第三方物流企业分拨和转运。

C驿站的包裹数量在最近十年呈几何级增长，以区域承包制为主的物流快递企业对人工的需求极大。快递企业开始各自设立包裹自提柜，希望解决"最后一公里"的问题。但因竞争关系相互屏蔽，自提柜的资源浪费。从消费者维度上来说，消费者越来越注重个人隐私和身份安全，同时对包裹取派送的时间有了更高要求。所以C驿站设立的最终目的是用社会化协同的平台，提升个人商户创业的热情，帮助物流快递企业提升效率，最终解决末端派送的矛盾。

C驿站由于利用了小微个人商家的现有店面，由消费者向店员出示密码获得快件，免去了建设基础设施的成本。C驿站的主体大多是社区小店，以服务居民的日常生活为主，所以商品种类繁多，营业时间相对较长。

2.C驿站第四方物流模式的优化策略

（1）C驿站第四方物流模式的深化与仓储战略升级

C驿站在地产物流战略上持续深耕，推动仓储多元化发展，主要体现在以下三个方面：

第一，C驿站通过与地方政府签订长期合作协议，确保物流园区和仓储设施的自主建设与长期运营，从而稳固仓储资源的基底，提升供应链的自主可控能力。这种合作模式不仅为C驿站提供稳定的仓储资源，还为其在物流领域的发展提供坚实的基础。

第二，针对国内仓储资源碎片化的现状，C驿站积极构建零散仓储信息平台，运用先进的信息化技术和管理模式，如大数据分析、智能匹配等，有效整合并优化这些零散资源。通过这种方式，C驿站不仅提高了仓储利用率，降低了运营成本，还增强了市场的活跃度，为物流行业的发展注入了新的活力。

第三，在全球化背景下，C驿站加速布局海外仓与全球物流枢纽，以缩短跨境物流时间，减少物流纠纷，提升资金回流速度。通过全球物流枢纽的建设，C 驿站进一步强化了其在全球供应链中的核心竞争力和战略地位，为 C 驿站第四方物流模式的全球化发展奠定了坚实的基础。

（2）C 驿站内部评分系统的精进与数据治理规范化

为提升第四方物流模式的运营效率和服务质量，C 驿站在内部管理上采取了一系列优化措施：

第一，引入平衡计分卡模式，从财务、客户、内部流程、员工成长四个维度全面评估合作方表现。这种模式确保了战略目标与评价指标的紧密结合，实现了合作效果的量化评估与精准管理。通过这种方式，C 驿站能够更好地监控和管理合作方的表现，从而提升整体运营效率。

第二，强化合作导向，通过明确传达合作愿景与价值预期，激发第三方物流企业的合作热情与主动性。这种做法促进共赢生态的构建，使 C 驿站与合作企业之间形成了紧密的合作关系，共同推动物流行业的发展。

第三，完善激励机制，特别是股权激励机制，以长期利益绑定合作企业，特别是行业内的佼佼者。这种做法巩固了合作关系，提升了整体运营效率，为 C 驿站第四方物流模式的持续发展与壮大奠定了坚实基础。通过这种方式，C 能够更好地吸引和留住优秀的合作伙伴，共同推动物流行业的发展。

第四章 互联网时代跨境电商发展与创新实践

第一节 跨境电商的特征及其分类

跨境电商是指不同国境或关境的交易主体，通过电子商务平台达成交易、进行支付结算，并通过跨境物流送达商品、完成交易的一种国际商业活动。这种商业模式使得全球的消费者可以不受地域限制，通过互联网购买到世界各地的商品。

一、跨境电商的特征

（一）全球性

跨境电商依托互联网的无边界特质，展现出显著的全球性特征。传统贸易模式受地理空间的严格限制，而跨境电商则成功突破了国界与地域的桎梏，实现了商品和服务在全球范围内的自由流通。这一变革不仅推动了全球信息的无障碍共享，还极大地拓展了市场的边界，使消费者能够便捷地获取来自世界各地的丰富商品资源。例如，消费者在国内即可轻松选购来自欧美、东南亚等不同地区的时尚服饰、特色美食或高端电子产品等。然而,跨境电商的全球性也不可避免地引发了一系列因文化、政治和法律差异而带来的挑战。不同国家和地区在文化习俗、价值观念、贸易政策以及法律法规等方面存在显著差异,这就要求跨境电商的参与者必须具备卓越的跨文化沟通能力以及严格的合规经营意识。在商品推广与销售过程中,必须充分考虑目标市场的文化偏好与禁忌,避免因文化冲突而导致商业失败;必须严格遵守各国的贸易法规、税收政策以及知识产权保护规定等,以确保业务的合法可持续发展。

（二）无形性

在跨境电商领域,数字化产品和服务的蓬勃发展彰显了其无形性的突出特征。借助网络平台,数字化传输得以高效实现,交易过程不需要实体物质的实际位移即可顺利完成。例如,电子书、音乐、软件等数字化产品可通过网络直接传输至消费者的电子设备中,极大地提高了交易的便捷性与效率。然而,这种无形性也使得监管工作面临前所未有的复杂局面。传统的监管手段难以对数字化产品和服务的交易过程进行有效监控,从而引发了诸如知识产权保护、税收征管等一系列严峻问题。在知识产权保护方面,数字化产品的易复制性与传播性导致侵权行为频发,且侵权源头的追溯与责任认定困难重重;在税收征管领域,由于数字化交易的无形性与隐蔽性,税务部门难以准确确定交易的发生地点、金额及应纳税额,容易造成税收流失。此外,无形产品在跨境电商交易中的比重逐渐上升,正逐步改变着传统交易的性质与模式,对全球贸易结构产生深远影响。

（三）匿名性

跨境电商的匿名性特征主要源于网络的虚拟性与非中心化架构。在在线交易环境中,消费者通常倾向于隐藏自身的真实身份与地理位置信息,这种做法在一定程度上有效地保护了个人隐私与交易安全,降低个人信息被泄露与滥用的风险。例如,在一些跨境电商平台上,消费者可以使用化名或匿名账号进行购物，避免个人信息在交易过程中被不法分子窃取。然而，匿名性也为欺诈、洗钱等非法活动提供滋生的土壤，导致责任追究面临重重困难。不法分子往往利用网络匿名性的掩护，实施虚假交易、骗取货款或进行非法资金转移等违法犯罪行为。尽管随着信息技术的不断发展以及监管力度的逐步加强，如通过实名认证、大数据监测与分析等技术手段，匿名性带来的负面影响已有所缓解，但它仍然是跨境电商领域亟待解决的重要挑战之一，需要各方共同努力，构建更加完善的信用体系与监管机制，以平衡隐私保护与打击违法行为之间的关系。

（四）即时性

跨境电商的即时性特征在信息交流与交易过程的快速响应方面表现得淋漓尽致。得益于互联网技术，信息传递几乎能够摆脱时间延迟的束缚，无论交易双方身处世界的哪个角落，都能够实现即时的沟通与互动。例如，买家在跨境电商平台上咨询商品信息，卖家可在瞬间做出回应，解答买家的疑问并提供相关产品资料。这种即时性不仅显著提高交易的效率，还使得部分数字化产品能够实现即时交付与结算。以在线软件销售为例，消费者购买后可立即下载并使用软件，不需要等待物流配送。跨境电商的即时性特征使其能够更加敏锐地捕捉市场需求的变化，及时调整产品策略与服务内容，从而有力地促进全球贸易的加速发展，推动全球产业链与供应链的高效协同运作。

（五）无纸化

在跨境电商交易中，电子计算机通信记录全面取代了传统的纸面交易文件，实现了整个交易过程的电子化与无纸化。这一变革不仅有效节省了大量的纸张资源，还有助于提高信息传递的效率与准确性。例如，电子合同的签订与存储、电子发票的开具与传递等，都极大地简化了交易流程，降低了交易成本。然而，无纸化交易也给法律领域带来了诸多新的挑战。电子合同的法律效力在不同国家和地区的法律规定中存在差异，电子证据的认定与采信标准也尚未统一，这在一定程度上影响了跨境电商交易的法律确定性与稳定性。因此，为保障无纸化交易的合法性与安全性，各国政府需要积极合作，共同建立健全相应的法律框架与制度规范，明确电子合同、电子签名、电子证据等在跨境电商交易中的法律地位与适用规则，为跨境电商的健康发展营造良好的法律环境。

（六）快速演进

跨境电商作为新兴的商业领域，正处于持续快速发展与不断演变的进程之中。互联网技术的日新月异以及电子商务模式的持续创新，构成了推动跨境电商快速演进的核心动力。回顾其发展历程，从早期的 EDI（电子数据交换）技术在贸易领域的初步应用，到如今电子商务零售业的蓬勃兴起，再到数字化产品和服务的大量涌现以及各种新型商业模式如社交电商、直播电商等的不断诞生，跨境电商正以惊人的速度重塑全球贸易的格局，并深刻改变着人们的消费方式与生活习惯。例如，直播电商模式使消费者能够实时观看产品展示与演示，与主播进行互动交流，并直接下单购买，极大地提升了购物体验与销售转化率。这种快速演进的趋势要求跨境电商的参与者，包括企业、平台运营商、监管机构等，必须具备高度的适应性与创新能力，能够及时跟上新技术、新模式与新规则的发展步伐，不断优化自身的业务策略与运营管理模式，以在激烈的市场竞争中保持领先地位并实现可持续发展。

二、跨境电商的分类

（一）基于服务类型或交易流程的分类

1. 交易前阶段：信息服务平台的重要性与功能扩展

信息服务平台在跨境电商交易前阶段扮演着至关重要的角色，其核心职能可进一步细化和扩展如下：

（1）构建网络营销的桥梁

信息服务平台的核心在于为国内外会员商户搭建一座网络营销的桥梁。这座桥梁不仅连接了供需双方，还跨越了地理界线，使得全球范围内的供应商和采购商能够在一个虚拟的市场中相遇。平台通过提供专业的网络营销工具和服务，帮助商家有效地展示其商品或服务信息，从而吸引潜在客户的注意力，为后续的交易打下坚实的基础。

（2）展示和传递商品信息的媒介

信息服务平台作为一个展示和传递商品信息的媒介，其重要性体现在以下几个方面：

提升信息透明度。平台通过标准化和结构化的方式展示商品信息，使得采购商能够快速准确地获取所需信息，提高了市场的信息透明度。

增强信息可信度。平台通常会进行商家资质审核和商品信息验证，从而确保信息的真实性，增强采购商对供应商的信任度。

促进信息多样化。平台支持多种形式的商品展示，如图片、视频、3D模型等，使得信息传递更加生动和全面。

（3）推动商业信息的流通与互动

作为信息集散地，信息服务平台不仅促进了商业信息的流通，还加强了交易双方之间的互动。平台提供的即时通信、在线询盘、留言反馈等功能，使得供应商和采购商能够进行实时的沟通，加快了交易进程。此外，平台还能通过数据分析，为商家提供市场趋势、客户需求等有价值的信息，助力商家做出更精准的市场决策。

（4）开辟市场拓展渠道

跨境电商企业通过信息服务平台，不仅整合了大量的商业信息资源，还为全球商家开辟了广阔的市场拓展渠道。这些渠道包括：

多语言支持。平台提供多语言界面，帮助商家突破语言障碍，进入不同国家和地区的市场。

跨境推广。平台通过搜索引擎优化、社交媒体营销等手段，帮助商家在海外市场进行有效的品牌推广。

合作伙伴网络。平台与全球各地的商业伙伴建立合作关系，为商家提供更多的曝光机会和合作可能。

2.交易中阶段：在线交易平台的关键作用

在线交易平台在跨境电商的中期阶段扮演着核心角色，其功能和影响力可做如下阐述：

（1）全方位展示产品与服务信息

在线交易平台不仅仅是企业产品和服务的信息展示窗口，它还提供了一个多维度的信息空间，使得消费者能够全面了解商品特性。平台通过高清图片、详细描述、用户评价、视频演示等多种方式，让消费者在虚拟环境中获得与实体店相似的购物体验。这种全方位的信息展示，不仅增强了消费者的购买信心，也提升了企业的品牌形象。

（2）覆盖购物全流程

在线交易平台的设计充分考虑了消费者的购物习惯，从搜索、咨询、比较、下单、支付、物流到评价，每一个环节都经过精心设计，形成了一个完整的购物闭环。这种全流程的覆盖，不仅简化了购物过程，还提高了交易效率。

搜索与筛选：平台提供强大的搜索引擎和多样化的筛选工具，帮助消费者快速定位所需商品。

咨询与比较：通过即时通信工具和商品对比功能，消费者可以轻松获取所需信息，做出明智选择。

下单与支付：简化的结账流程和多样化的支付方式，确保了交易的便捷性和安全性。

物流跟踪：平台提供实时的物流信息，让消费者随时掌握货物动态。

评价与反馈：消费者可以在交易完成后对商品和服务进行评价，为其他买家提供参考。

（3）交易数字化与便捷化

在线交易平台的普及，标志着跨境电商交易过程的高度数字化和便捷化。这种模式与现代消费者追求快速、简单、个性化的购物体验不谋而合，因此迅速成为市场的主流。

（4）技术驱动与运营策略

跨境电商企业依托先进的技术架构，如云计算、大数据、人工智能等，以及高效的运营策略，为全球消费者提供了无缝衔接的跨境购物体验。这些技术不仅提高了平台的处理能力，也增强了用户体验的个性化。

（5）促进商品流通与贸易增长

在线交易平台的存在和发展，促进了跨境商品的流通和贸易增长。它打破了传统的地理界线，使得商品能够更广泛地在全球范围内流动，为企业和消费者创造了更多的价值。

3. 交易后阶段：外贸综合服务平台

在跨境电商交易的后续阶段，外贸综合服务平台的作用愈发凸显，成为连接交易双方与各类外贸服务资源的关键桥梁。当交易双方顺利完成信息交换、在线磋商及订单确认等前置环节后，外贸综合服务平台便及时介入，开始发挥其不可或缺的作用。这些平台不仅提供物流、通关等核心环节的服务，还往往涵盖金融、保险、税务咨询、市场调研等全流程的一站式服务，确保跨境交易的每一个环节都能得到专业、高效的支持。

外贸综合服务平台的核心价值在于其强大的资源整合能力。面对外贸业务中复杂多变的服务需求，平台通过整合分散于各处的外贸服务资源，如国际物流渠道、海关报关代理、外汇兑换服务等，形成集约化、专业化的服务体系。这种整合不仅降低了商户寻找和协调各类服务资源的成本，还通过规模化运营进一步降低了服务费用，使得商户能够以更低的成本享受更优质的服务。

在降低交易成本的同时，外贸综合服务平台还通过其专业团队和高效服务网络，有效降低了跨境贸易中的风险。平台通常拥有一支熟悉国际贸易规则、精通外语的专业团队，他们能够为商户提供精准的政策解读、合规指导以及应急处理服务，帮助商户规避潜在的贸易风险。此外，平台还与海关、税务、银行等机构建立了紧密的合作关系，能够迅速响应商户的需求，解决跨境贸易中的各类难题。

对于跨境电商企业而言，外贸综合服务平台不仅是其外贸业务的重要支撑，更是提升其运营效率和竞争力的有力助手。通过平台的支持，企业可以更加专注于产品研发、市场开拓等核心业务，而将烦琐的外贸流程交由平台处理。这不仅提高了企业的运营效率，还使其能够在激烈的市场竞争中保持灵活性和创新性，从而不断巩固和扩大其市场份额。

（二）依照进出口货物流向的分类

依据跨境电商进出口货物的流动方向，可将其划分为出口跨境电商与进口跨境电商两类。

1. 出口型跨境电商

出口型跨境电商是指我国境内的出口企业充分利用跨境电商平台这一数字化桥梁，全方位展示各类商品的独特魅力与卓越品质。在成功达成交易协议后，依托线下跨境物流体系所构建的庞大运输网络，将商品精准、高效地输送至境外目标市场的一系列贸易活动的集合体。

从全球贸易的宏观视野审视，我国出口型跨境电商的蓬勃发展绝非偶然。我国作为全球制造业的重要基地，拥有极为丰富且完备的制造业资源禀赋。历经多年的技术积累与产业升级，我国产品的质量与工艺水平已实现质的飞跃，在国际市场上逐步树立起良好的品牌形象与口碑。以服装纺织行业为例，我国的纺织企业不仅能够大规模生产各类基础款服装，满足全球市场的日常需求，还在高端定制服饰领域凭借精湛的工艺与独特的设计，与国际知名品牌展开竞争。在电子产品领域，从智能手机到智能家居设备，我国企业不断加大研发投入，推出了一系列具有创新性与高性价比的产品，在国际市场上赢得了广泛的消费者群体。

跨境电商企业在这一进程中扮演着至关重要的角色。它们通过实施多元化的平台运营策略，针对不同国家和地区的市场特点、消费习惯以及文化差异，量身定制个性化的营销方案。在欧美市场，注重产品品质与品牌形象塑造，强调环保与社会责任理念的传递；在新兴市场国家，则侧重于产品的性价比优势与功能实用性推广。同时，积极进行全球市场布局，与各国当地的电商平台、物流企业以及支付机构建立深度合作关系，构建起了覆盖全球的贸易网络。通过这些努力，将海量的中国优质商品如潮水般推向世界各个角落，在促进我国对外贸易持续稳定增长方面发挥了中流砥柱的作用。

此外，出口型跨境电商还成为推动我国产业升级的重要驱动力。在国际市场竞争的压力与机遇面前，我国传统制造业企业不得不加快技术创新与产品研发步伐，提升生产自动化与智能化水平，优化企业管理与供应链协同效率，从而实现从劳动密集型向技术密集型、从粗放式生产向精细化制造的产业转型与升级。例如，一些传统的玩具制造企业，通过跨境电商平台直接对接全球消费者需求，加大在产品设计、新材料应用以及智能玩具开发等方面的投入，成功打造出具有国际竞争力的高端玩具品牌，带动整个玩具产业的升级发展。

2. 进口型跨境电商

进口型跨境电商是指将境外琳琅满目的商品经由跨境电商平台这一便捷渠道引入我国境内庞大消费市场进行销售的贸易活动范式。此类跨境电商平台在运营模式上多采用自营为主的策略。具体而言，平台组织专业的海外买手团队，深入全球各个商品产地与采购中心，精心挑选具有特色与品质优势的商品，并通过高效的物流运输网络将其运送至国内保税仓进行集中存储与管理。在商品销售环节，借助平台自身强大的线上展示功能与精准的营销推广手段，将丰富多样的境外商品全方位呈献给国内终端消费者，从而促成交易的达成。

由于进口型跨境电商涉及跨境物流的长途运输以及复杂的通关检验检疫等环节，相对于纯粹的国内电商交易，其物流配送速度在一定程度上相对较慢。然而，与传统的进口贸易模式相比，其在物流时效性方面已实现了显著的提升。在传统的进口贸易中，商品从境外供应商发货到最终抵达国内消费者手中，往往需要经历漫长的供应链周期，涉及多个中间环节的层层流转与协调，而跨境电商平台通过整合供应链资源，优化物流配送路径，采用先进的仓储管理技术与信息化系统，缩短了商品的流通时间。例如，一些进口生鲜产品，通过跨境电商平台的冷链物流体系与快速通关机制，能够在较短时间内从国外产地直供国内消费者餐桌，确保了产品的新鲜度与品质。

跨境电商企业在进口业务中，通过一系列精细化的运营管理手段，成功满足了国内消费者日益增长的对多样化、高品质进口商品的需求。在商品精选环节，基于对国内市场需求的深入调研与精准分析，平台买手团队聚焦于全球范围内的优质品牌与特色产品，涵盖母婴用品、美妆护肤、营养保健、轻奢时尚等多个热门品类，为国内消费者提供丰富的购物选择。在供应链管理方面，不断优化与境外供应商的合作关系，建立长期稳定的采购渠道，确保商品供应的稳定性与及时性。同时，通过在国内保税区设立仓储中心，实现了商品的提前备货与快速分拣配送，有效提高物流效率。此外，高度重视用户体验的提升，从平台界面设计的简洁美观与操作便捷性，到客服团队的专业高效服务，再到售后服务的完善保障，全方位打造优质的购物环境与消费体验。

进口型跨境电商的蓬勃发展，在推动我国消费市场国际化进程与引领消费升级趋势方面产生深远影响。它使国内消费者足不出户即可畅享全球优质商品资源，拓宽消费视野，提升消费品质与生活品位。例如，进口美妆产品的大量涌入，不仅满足了国内消费者对时尚美容的追求，还促进了国内美妆行业在产品研发、品牌塑造与服务理念等方面的学习与借鉴，推动整个行业的升级发展。同时，进口型跨境电商的兴起也激发了国内消费市场的创新活力，催生了一系列新兴消费业态与商业模式，如跨境电商直播带货、社交电商分享购等，为我国消费经济的持续繁荣注入了新的动力。

第二节 互联网时代跨境电商发展的 SWOT 分析

跨境电商，作为互联网技术与国际贸易深度融合的产物，正以前所未有的速度改变着全球贸易的格局。本节将运用 SWOT 分析法，对互联网时代跨境电商的发展进行全面剖析。

一、互联网时代跨境电商发展的优势分析

（一）电商平台规模庞大且日趋规范化

在互联网技术的强大推动下，跨境电商平台如雨后春笋般应运而生，且数量已逾万家，形成了庞大的市场体系。这些平台不仅为商家提供了一个展示商品、拓展市场的广阔舞台，更在激烈的市场竞争中，通过不断创新服务模式、优化用户体验，推动了跨境电商行业的规范化与专业化进程。具体而言，跨境电商平台通过制定严格的交易规则、建立完善的信用评价体系、强化支付安全与物流保障等措施，有效降低了跨境交易的风险，提升了交易的透明度与可信度。同时，平台的规模效应与集聚效应日益显著，吸引了大量优质商家与消费者的聚集，为跨境电商的蓬勃兴起奠定了坚实的市场基础。

此外，跨境电商平台还积极对接国际市场，通过构建全球化的供应链体系，实现了商品的高效流通与资源的优化配置。这不仅拓宽了商家的销售渠道，也丰富了消费者的购物选择，进一步促进了跨境电商市场的繁荣与发展。

（二）国内市场基础坚实，产品性价比高

近年来，中国电子商务市场持续保持高速增长态势，市场规模逐年攀升，已成为全球电子商务市场的重要组成部分。这一庞大且充满活力的市场为跨境电商的发展提供了坚实的国内基础。随着电子商务技术的不断进步与普及，越来越多的企业开始涉足电商领域，从业人员数量也呈现出快速增长的趋势。

在此背景下，中国产品以其高性价比在国际市场上崭露头角，备受海外消费者的青睐。特别是中小企业，通过跨境电商平台这一便捷渠道，得以以高频次、小批量的方式灵活满足海外消费者的多样化需求。这种"碎片化"的贸易模式不仅降低了企业的运营成本与风险，也促进了"中国制造"向"中国创造"的转变。中小企业通过不断创新产品、提升品质、打造品牌，逐渐在国际市场上树立了良好的形象与口碑，为中国跨境电商的持续发展注入了强大的动力。

二、互联网时代跨境电商发展的劣势分析

假冒伪劣产品泛滥。部分商家利用互联网的开放性，销售假冒伪劣产品，严重损害了消费者权益和跨境电商的声誉。法国海关查获的大量假货案件，就是这一问题的真实写照。加强知识产权保护，打击假冒伪劣产品，成为跨境电商亟待解决的问题。

物流成本高且效率低下。跨境电商物流环节多、流程复杂，导致单件产品运输成本高昂，且物流速度难以保证。此外，跨境配送的包裹追踪难度大，丢失、损坏等问题时有发生，影响了消费者的购物体验。优化物流布局，提高物流效率，是跨境电商面临的又一挑战。

支付安全问题凸显。随着移动支付模式的普及，跨境电商交易中的支付安全问题日益突出。网络病毒、木马入侵、系统漏洞等安全隐患威胁着交易双方的资金安全。加强支付安全防护，提升用户信任度，是跨境电商发展的必要

条件。

专业电商人才匮乏。跨境电商的快速发展对复合型人才的需求日益迫切。然而，当前市场上能满足这一需求的人才数量有限，培养成本高昂。如何吸引和培养更多具备外语能力、电子商务知识和国际贸易经验的复合型人才，成为跨境电商发展的瓶颈。

三、互联网时代跨境电商发展的机会分析

经济全球化与信息化助力发展。经济全球化的深入发展和信息技术的不断进步为跨境电商提供广阔的发展空间。跨境电商模式多元化，增长速度迅猛，成为国际贸易的新增长点。

跨境电商认可度提升。政府加大对电商平台的整治力度，提升民众对电商平台的信任度。电商平台自身也在不断提升产品质量和服务水平，吸引了更多买家和卖家的参与。同时，"宅经济"等潮流的兴起为跨境电商提供新的发展机遇。

国家政策支持逐步加强。国家出台一系列法律和政策以支持跨境电商的发展。《中华人民共和国电子商务法》的颁布^①为电商行业的健康发展提供法律保障。同时，税务、海关等部门也出台相关政策，助力跨境电商降低成本、提高效率。

消费方式转变推动市场增长。随着生活水平的提高和消费理念的转变，消费者对个性化、多样化的产品需求日益增加。跨境电商以其全球性、商品多样性和交易无形性的特征，满足了消费者的这一需求，市场份额不断攀升。

---

① 全国人大常委会于 2013 年 12 月 7 日正式启动了"电子商务法"的立法进程。这一举措标志着中国政府对电子商务行业规范与监管的高度重视。经过长时间的准备与审议，2018 年 8 月 31 日，第十三届全国人民代表大会常务委员会第五次会议通过了《中华人民共和国电子商务法》。

四、互联网时代跨境电商发展的威胁分析

（一）同行业竞争的日益激烈化

跨境电商行业，凭借其跨越国界的便捷性与全球化的市场触达能力，吸引了大量企业的竞相涌入。随着市场参与者数量的急剧增加，行业竞争愈发激烈。这一趋势的形成，是多重因素共同作用的结果。

第一，消费者需求的持续增长为跨境电商市场注入了强大的动力。随着全球经济的蓬勃发展与消费者购买力的不断提升，人们对于海外商品的需求日益多样化与个性化，这直接推动了跨境电商市场的快速扩张。然而，需求的增长也吸引了更多企业的关注与参与，加剧了市场竞争的激烈程度。

第二，物流与支付体系的不断完善为跨境电商的快速发展提供了有力支撑。随着国际物流渠道的拓宽、物流效率的提升以及支付方式的多样化，跨境电商交易的便捷性与安全性得到了显著提升。这些进步不仅降低了跨境交易的门槛，也吸引了更多企业进入市场，进一步加剧了行业竞争。

第三，电商平台的崛起与新技术的不断涌现为跨境电商行业的竞争格局带来了深刻变化。电商平台作为跨境电商交易的重要载体，其规模与影响力的不断扩大，使得平台间的竞争日益激烈。同时，大数据、人工智能、区块链等新技术的应用，也为跨境电商企业提供了更多的竞争手段与策略选择，进一步加剧了市场的竞争态势。

第四，政府政策的调整与变化对跨境电商行业的竞争产生了重要影响。随着全球贸易政策的不断调整与优化，各国政府对于跨境电商的监管力度与扶持政策也在不断变化。这些政策的变化不仅影响了跨境电商企业的运营成本与市场空间，也加剧了行业内的竞争态势。

（二）产品同质化问题的严峻挑战

在当前的跨境电商平台上，产品同质化现象已经成为一个不容忽视的问题。许多商家缺乏创新意识和品牌塑造能力，往往选择跟风模仿，导致市场上出现了大量相似甚至相同的产品。这种产品同质化现象不仅降低了消费者的购买意愿与满意度，还加剧了市场竞争的激烈程度。产品同质化的危害主要体现在以下几个方面：

第一，产品同质化削弱了企业的品牌竞争力。在消费者心中，缺乏特色的产品往往难以留下深刻印象，也难以形成品牌忠诚度。当消费者面对众多相似的产品时，他们很难区分出各个品牌之间的差异，从而导致品牌之间的竞争变得异常激烈。这种情况下，企业很难通过品牌的力量来吸引和留住消费者。

第二，产品同质化导致了价格战的发生。在缺乏差异化的情况下，企业往往只能通过降低价格来吸引消费者，这不仅损害了企业的利润空间，也破坏了市场的公平竞争秩序。价格战一旦爆发，企业将被迫不断降低价格以保持竞争力，最终可能导致整个行业的利润水平下降，甚至出现恶性竞争的局面。

第三，产品同质化还限制了企业的创新与发展。长期陷入同质化竞争的企业往往缺乏创新动力与研发投入，难以在激烈的市场竞争中脱颖而出。由于市场上产品相似度高，企业很难通过创新来获得竞争优势，从而使整个行业的发展陷入停滞。缺乏创新的产品不仅无法满足消费者日益多样化的需求，还会使企业在面对市场变化时显得无能为力。

第三节　互联网时代跨境电商发展的有效路径探索

一、跨境电商监管体系的优化与强化

在互联网时代，跨境电商作为全球经济一体化的重要推动力量，其监管体系的完善性直接关系到贸易的顺畅与安全性。鉴于跨境电商涉及多国法律、政策与标准，构建一套高效、协同的监管机制显得尤为重要。

（一）设立专门监管机构，强化行业自律

设立专门的跨境电商监管机构，以应对跨境电商活动的复杂性与特殊性。该机构应负责跨境交易的政策制定、监督执行以及纠纷处理，确保监管工作的专业性与权威性。在机构设置上，应充分考虑跨境电商的跨国界特性，建立跨部门、跨地区的协调机制，实现监管资源的优化配置与高效利用。

充分发挥电商行业协会的自律作用，通过制定行业规范、开展诚信评价、加强行业监督等方式，引导企业诚信经营，规范市场秩序。行业协会作为政府与企业之间的桥梁，能够及时了解行业动态，反映企业诉求，为政府决策提供有力支撑。通过加强行业自律，可以有效遏制假冒伪劣产品的流通，保护消费者合法权益，提升跨境电商行业的整体信誉与竞争力。

（二）利用信息技术手段，提升监管效率

在信息技术日新月异的今天，大数据、云计算等先进技术的应用为跨境电商监管提供了新的思路与手段。应建立跨境电商公共服务平台，整合海关、检验检疫、税务等环节的流程与资源，实现电子化、无纸化操作。这不仅能够大幅提高监管效率，降低企业成本，还能有效防范欺诈行为，保障交易安全。

具体而言，公共服务平台应具备以下功能：一是信息共享功能，实现海关、检验检疫、税务等部门之间的信息互联互通，避免信息孤岛现象；二是在线办理功能，提供一站式服务，方便企业在线完成报关、报检、缴税等手续；三是风险预警功能，通过大数据分析，及时发现并预警潜在的风险点，为监管决策提供科学依据。

（三）加强国际合作，推动跨境监管互认

跨境电商的跨国界特性决定了其监管必须依赖国际合作。应加强与其他国家和地区的沟通协调，推动跨境监管互认机制的建立与完善。通过签署双边或多边协议，明确各方在跨境电商监管中的责任与义务，减少重复检验检疫，确保商品快速通关。

在国际合作中，应重点关注以下几个方面：一是标准统一问题，推动各国在跨境电商监管标准上的趋同与一致，降低企业合规成本；二是信息共享问题，加强与其他国家和地区的信息交流与共享，提高监管的精准度与有效性；三是争端解决机制问题，建立健全跨境电商争端解决机制，为跨境交易提供公正、高效的纠纷解决途径。

二、物流体系的创新与效率提升

构建全球化的物流网络。为了缩短配送距离并提高响应速度，需要构建全球化的物流网络。这包括在海外设立仓库和配送中心，即所谓的"海外仓"模式。通过在海外设立仓库，可以减少商品从生产地到消费者手中的运输时间，降低物流成本，并提高配送效率。

推广智能物流技术。应用物联网、人工智能等智能物流技术可以实现货物的实时追踪、智能调度和自动化处理，从而提升物流效率。通过这些技术，可以实时监控货物的位置和状态，实现物流过程的透明化，并优化物流路线和配送时间，减少运输成本和时间。

优化物流合作模式。鼓励跨境电商企业与第三方物流服务商进行深度合作，通过规模化运营降低成本。通过合作，企业可以共享物流资源，实现物流成本的优化和物流效率的提升。

加强物流基础设施建设。特别是在跨境物流通道的建设方面，如铁路、航空货运专线的开辟，为跨境电商提供多样化的物流选择。通过加强物流基础设施建设，可以提高物流速度和效率，降低物流成本，并为跨境电商提供更多的物流选择。

三、支付结算体系的安全与便捷并重

在跨境电商交易的复杂生态中，支付结算体系扮演着极为关键的角色，其安全性与便捷性犹如车之两轮、鸟之双翼，缺一不可。支付安全更是处于核心地位，直接关系到交易双方的切身权益能否得到切实保障，进而影响整个跨境电商行业的稳定与繁荣。

构建安全便捷的跨境支付结算体系，首要任务是搭建统一的跨境支付管理平台。该平台应具备强大的集成功能，将目前市场上主流的多种支付方式，如信用卡支付、电子钱包支付、银行转账等，有机地整合为一体。通过这种集成化的设计，能够有效简化支付流程，避免因支付方式切换或不兼容所导致的烦琐操作，极大地缩短交易时间，提高交易效率。对于跨境电商交易而言，交易时间的缩短意味着资金回笼速度的加快以及客户满意度的提升，这在竞争激烈的国际市场中具有显著的优势。

强化支付安全监管是构建稳健支付结算体系的关键环节。在技术层面，应积极采用先进的加密技术，对交易数据进行高强度加密处理，确保在数据传输与存储过程中，交易信息的保密性、完整性与真实性得到有效维护。同时，建立严谨的身份验证机制，通过多因素认证等手段，精准识别交易各方身份，防止非法用户的侵入与欺诈行为的发生。在国际合作层面，加强与国际金融机构

的深度协作至关重要。通过合作，积极推动支付标准的国际化进程，促使各国支付标准相互兼容、协同发展。这不仅有助于降低跨境支付过程中的手续费，减少交易成本，还能够有效规避汇率波动风险，为跨境电商企业营造一个更加透明、稳定且可预期的支付环境。

四、售后服务体系的完善与消费者体验提升

（一）构建全面而明确的售后服务政策

售后服务政策的完善是构建高效售后服务体系的基础。跨境电商企业应制定详尽、透明的退换货政策，明确退换货的条件、流程、时限以及责任划分，确保消费者在购物过程中能够充分了解并维护自身权益。同时，政策应兼顾公平性与灵活性，既保障消费者的合理诉求，又避免恶意退换带来的不必要损失。

此外，高效的客服响应机制是售后服务体系中不可或缺的一环。企业应建立多渠道客服体系，包括在线聊天、电话热线、电子邮件等，确保消费者能够随时随地获得帮助。客服团队应具备专业知识与良好沟通能力，能够迅速响应消费者咨询，有效解决问题，提升消费者满意度。

（二）打造全球化的售后服务网络

跨境电商的跨国界特性决定了其售后服务必须跨越地域限制，实现全球化覆盖。企业应通过整合线上线下资源，建立覆盖广泛、响应迅速的售后服务网络。线上方面，利用互联网技术构建全球售后服务平台，实现远程故障诊断、在线技术支持等功能，降低消费者维修成本，提高服务效率。线下方面，则可在主要市场设立售后服务点或合作维修点，提供现场维修、零部件更换等服务，确保消费者能够就近获得专业帮助。

在全球化售后服务网络的建设中，企业还应注重与当地文化、法律环境的融合。通过了解不同市场的消费习惯与法律法规，调整服务策略，确保售后服

务能够真正满足消费者的需求，避免因文化差异或法律冲突导致的服务障碍。

（三）利用大数据优化售后服务体验

在大数据时代，数据已成为企业宝贵的资产。跨境电商企业应充分利用大数据分析技术，深入挖掘消费者行为数据，预测消费者需求，为售后服务提供个性化、定制化的解决方案。通过分析消费者的购买历史、浏览记录、投诉反馈等信息，企业可以识别消费者的偏好与痛点，及时调整服务策略，提升服务的针对性与有效性。

例如，企业可根据消费者的购买记录，预测其可能需要的维修服务或配件更换，提前准备库存，缩短维修周期。同时，通过数据分析，企业还能发现服务过程中的瓶颈与问题，及时优化服务流程，提升服务效率与质量。

（四）强化消费者沟通与反馈机制

有效的消费者沟通与反馈机制是提升售后服务体验的关键。企业应建立多渠道的消费者反馈系统，包括在线评价、满意度调查、社交媒体互动等，鼓励消费者分享购物体验与服务感受。通过收集与分析消费者反馈，企业可以及时了解服务中的不足与亮点，为服务改进提供有力依据。

同时，企业还应加强与消费者的主动沟通，通过定期推送服务提醒、优惠信息等方式，保持与消费者的紧密联系。在消费者遇到问题或困难时，企业应积极回应，提供解决方案，展现企业的责任感与关怀，从而增强消费者的信任与忠诚度。

五、人才培养与引进策略的实施

跨境电商的快速发展对人才的需求日益迫切，尤其是具备国际贸易、电子商务、外语沟通等多方面能力的复合型人才。政府、高校和社会应共同努力，构建跨境电商人才培养体系。政府应出台相关政策，鼓励高校开设跨境电商专业课程，支持校企合作，建立实习实训基地，为学生提供实践机会。同时，通过引进海外高层次人才、举办跨境电商技能大赛等方式，吸引和留住优秀人才。

此外，企业也应加强内部培训，提升员工的专业技能和综合素质，形成持续的人才供给机制，为跨境电商的长远发展提供坚实的人才保障。

第四节　互联网时代跨境电商生态圈的创新构建

一、互联网时代跨境电商生态圈的必要性

对促进电子商务产业发展的积极作用：跨境电商作为一种 B2B 的国际贸易形式，代表了电子商务发展的新趋势。在全球经济一体化的背景下，跨境电商逐渐成为推动经济发展的新引擎。我国跨境电商企业应积极采纳生态化的发展策略，确立科学的发展理念，致力于构建专业化的跨境电商平台，塑造中国跨境电商品牌形象，并构建一个良性循环的生态圈，以推动我国电子商务产业的进一步发展。

对提升电子商务企业经济效益的促进作用：发展跨境电商能够使我国电子商务企业深入参与全球经济活动，与国际上的优质企业进行合作，引进先进的生产技术和管理理念，从而完善我国电子商务的发展体系。能够使我国电子商务企业全面掌握国际贸易法规，准确把握国际市场动态，制定更为合理的电子商务营销策略，提高我国商品在国际市场上的占有率，从而真正提升电子商务企业的经济效益。

对促进我国进出口经济发展的推动作用：政府应积极鼓励和支持跨境电商企业的发展，完善港口和交通基础设施建设，打造集约化的物流中心，进一步优化我国的产业结构，大力发展第三产业。跨境电商作为一个朝阳产业，能够促进国内外商品的流通，将中国优质产品推向国际市场，塑造中国制造的良好

口碑，从而推动我国经济的可持续发展。

二、互联网时代跨境电商生态圈的建设意义

促进跨境电商行业的转型升级。跨境电商生态圈的持续发展，为行业提供了转型升级的动力。通过整合全世界资源，优化供应链结构，提升服务效率，生态圈的建设有助于推动跨境电商行业向更加成熟、高效的方向发展。这种升级不仅体现在交易规模的扩大，更体现在服务模式的创新、用户体验的提升以及市场拓展的深度和广度上。

增强跨境电商企业的国际竞争力。生态圈的建设为跨境电商企业提供了丰富的资源和广阔的平台，有助于企业实现稳定且高速的发展。通过生态圈内的资源共享、信息互通、技术交流，企业能够不断提升自身的运营效率，优化产品和服务，从而增强在国际市场上的竞争力。此外，生态圈内的合作机制也有助于企业共同应对国际市场的挑战，降低运营风险。

推动相关产业的协同发展。跨境电商生态圈的建设不仅限于电商本身，而且涉及物流、支付、信息技术、金融服务等多个相关产业。生态圈的完善能够带动这些产业的协同发展，形成产业间的良性互动和资源共享，从而提升整个产业链的运作效率和价值创造能力。

促进国家经济发展模式的转变。跨境电商生态圈的建设是实现国家经济发展模式转变的重要途径。通过生态圈的构建，可以促进我国经济从传统的以规模扩张为主转向以质量效益为主的发展模式。这不仅有助于提高国民经济的整体效率，还能够促进我国经济结构的优化和升级，实现可持续发展。

扩大国际经济合作的新空间。跨境电商生态圈的建设为国际经济合作提供了新的平台和机遇。通过生态圈，不同国家和地区的企业可以更加便捷地进行交流合作，共同开发国际市场，实现资源的优化配置。这不仅有助于推动全球经济的融合发展，也为我国企业"走出去"提供了新的渠道和支持。

提升消费者福利和生活方式。跨境电商生态圈的建设最终惠及广大消费者。通过提供更多样化、个性化的商品和服务，生态圈满足了消费者日益增长的品质生活需求，提升了消费者的福利水平。同时，生态圈的发展也推动了消费者生活方式的变革，使得购物更加便捷、体验更加丰富。

三、互联网时代下跨境电商生态圈建设的策略

（一）优化跨境电商组织架构，推进集约化运营模式

在互联网时代背景下，跨境电商企业应首先构建科学合理的生态圈发展架构，明确各业务环节如物流、营销、通关及售后服务的具体流程，并坚定走集约化发展道路。企业应细化商流与物流的衔接点，完善商品从生产到管理的全链条，利用跨境电商平台精准定位目标客户群体，并据此设计高效的物流运输方案。以全球速卖通为例，该平台为中小跨境电商企业提供便捷的交易平台，企业入驻后可借助平台资源上传产品、与国外客户进行直接沟通。通过平台大数据分析客户行为，企业能精准识别热销产品，把握国外消费者偏好，从而制定个性化营销策略，提高订单转化率。同时，企业与跨境物流企业建立长期合作关系，根据目标市场划分区域，如北欧、北美、大洋洲等，规划最优运输路径，降低物流成本，促进跨境电商的可持续发展。

（二）拓宽跨境物流渠道，提升物流服务效能

跨境电商企业需积极拓展跨境物流渠道，建立健全物流配送体系，包括在海外设立仓储中心，为跨境销售提供有力支撑。企业应基于跨境电商平台数据，分析客户分布，制定差异化的物流运输方案。同时，通过客户反馈评估物流服务质量，选择信誉好、效率高的物流合作伙伴，提升客户购物体验。

跨境物流企业应不断创新业务模式，结合国内外交通基础设施建设，如跨境铁路、港口等，规划多元化物流线路。利用大数据技术优化物流运输体系，实现铁路、海运、航空等多种运输方式的有效组合，提高通关效率，为跨境电

商生态圈的健康发展提供坚实的物流保障。

（三）简化海关通关流程，降低企业运营成本

在跨境电商蓬勃发展的时代浪潮中，海关部门作为国际贸易的关键监管者，其职能的有效发挥对于推动跨境电商行业的健康、高效发展具有举足轻重的作用。海关部门理应积极主动地适应跨境电商日新月异的发展需求，将优化通关流程作为核心任务之一，通过一系列创新举措为跨境电商企业创造更为有利的运营环境。

第一，建设电子口岸是简化海关通关流程的重要基石。电子口岸作为一个集成化的信息平台，能够整合海关、检疫、税务等多个部门的相关信息资源，实现数据的互联互通与共享共用。在此基础上，大力推行电子申报制度，为跨境电商企业提供极大的便利。跨境电商企业只需借助电子平台，便可以轻松提交商品信息，包括商品的详细种类、规格型号、原产国等，以及准确的数量信息、完备的检疫证明等申报材料。这些材料一旦提交，海关部门即可通过智能化的在线审核系统迅速开展审核工作。得益于先进的信息技术与高效的数据处理算法，海关部门能够在短时间内对申报材料进行全面、细致的审核，并及时将审核结果反馈给企业。如此一来，传统通关模式下企业长时间的等待过程得以大幅缩短，通关效率得到了质的飞跃。

第二，建立跨境电商信用评价体系是优化通关流程的又一关键举措。该体系通过对跨境电商企业的多维度信用评估，如企业的过往交易记录、纳税合规情况、遵守检疫规定状况等，将企业划分为不同的信用等级。对于那些信用良好、始终秉持诚信经营原则的企业，海关部门给予一系列通关便利措施，例如优先审核其申报材料、降低抽检比例、简化通关手续等。这种激励机制的建立，极大地激发了企业主动合规经营的积极性，促使企业更加注重自身的信用建设，进而在整个跨境电商行业中营造出公平竞争的市场环境。在这样的环境下，诚信企业能够凭借自身的良好信誉获得更多的发展机遇与竞争优势，而不

良企业则会因面临更高的通关成本与监管压力而逐渐被市场淘汰。

综合而言，电子通关系统的实施，有力地提升了跨境电商企业的经济效益，为企业在全球市场的拓展与深耕奠定了坚实的基础。

（四）完善营销体系，构建跨境电商生态圈

为了在激烈的市场竞争中脱颖而出，跨境电商企业必须转变传统经营理念，将目光聚焦于国际市场，并构建全面而深入的营销体系。在内部，企业应注重产品设计与品牌建设，以确保产品在品质上满足国际市场的需求，并在品牌上形成独特的竞争优势。在外部，企业应积极开拓新市场，利用跨境电商平台的优势，拓展海外业务，逐步构建起集约化、智能化、绿色发展的跨境电商生态圈。以浙江义乌小商品市场为例，其通过产品创新与质量提升，成功打造了品牌，赢得了海外市场的认可。义乌小商品市场的成功表明，跨境电商企业应借鉴其模式，注重产品质量与品牌建设，以品质和创新赢得国际消费者的信任，树立中国产品的良好形象，从而加速跨境电商生态圈的健康构建。

在构建跨境电商生态圈的过程中，企业还需关注以下几个方面：

增强供应链管理能力。优化供应链结构，提高供应链响应速度，确保产品质量和交货期。企业应通过引入先进的信息技术和管理方法，实现供应链的透明化和高效化，从而提升整体运营效率。

提升服务水平。提供多语言客服、个性化推荐等增值服务，提升消费者购物体验。企业应注重消费者的个性化需求，通过大数据分析和人工智能技术，为消费者提供更加精准和贴心的服务。

强化风险管理。建立完善的风险控制体系，降低运营风险，保障企业稳健发展。企业应建立健全的风险评估和预警机制，及时发现和应对潜在风险，确保企业的长期稳定发展。

倡导绿色物流。推动绿色包装、环保运输等环保措施，实现可持续发展。企业应积极响应全世界的环保趋势，采用可降解材料和清洁能源，减少碳排放，为构建绿色跨境电商生态圈贡献力量。

通过以上措施，跨境电商企业将构建起一个健康、可持续发展的生态圈，实现企业的长远发展。这不仅有助于提升企业的市场竞争力，还能为全世界消费者提供更优质的产品和服务，推动全世界贸易的繁荣与发展。

（五）培育精英人才，增强企业创新能力

在当今跨境电商企业的发展过程中，人才的支撑作用是不可或缺的。企业必须重视人才的引进与培养，特别是在跨境电商平台的操作、跨境物流的管理、国际贸易法律以及市场营销等领域。通过组建一支专业团队，实现各部门之间的高效协作，从而提升企业的整体竞争力。

第一，平台操作人员在企业中扮演着至关重要的角色。他们负责产品的上传、客户的开发，确保线上交易能够顺利进行。这些操作人员需要具备熟练的技能和丰富的经验，以应对不断变化的市场需求。

第二，外语人才在跨境电商企业中同样不可或缺。他们负责与海外客户的沟通交流、合同翻译等工作，保障企业与国际市场的顺畅沟通。外语人才不仅需要掌握多种语言，还需要具备跨文化沟通的能力，以适应不同国家和地区的文化差异。

第三，法律专家在企业中的作用也不容忽视。他们负责确保企业的合规经营，避免法律风险，保障企业的稳健发展。法律专家需要对国际贸易法律有深入的了解，能够为企业提供专业的法律咨询和解决方案。

第四，互联网技术人才也是企业不可或缺的一部分。他们负责网站的维护、数据分析等工作，保障线上交易的安全，提升企业的综合竞争力。互联网技术人才需要具备扎实的技术基础和创新能力，以应对不断变化的技术环境。

第五，企业还应加强互联网技术人才队伍建设，如网站维护、数据分析等，以保障线上交易的安全，提升企业综合竞争力。通过培养复合型人才，跨境电商企业能够更好地适应市场变化，推动创新，实现长远发展。

　　第六，企业还应注重人才的激励与培养，提供良好的职业发展空间和激励机制，激发员工的潜能，提升企业的创新能力。通过人才优势，跨境电商企业能够在竞争激烈的市场中脱颖而出，实现可持续发展。企业可以通过提供培训、学习机会以及完善晋升通道等方式，激励员工不断进步，从而为企业带来更多的创新思维和解决方案。同时，合理的激励机制能够激发员工的工作热情，提高工作效率，进一步增强企业的竞争力。

第五章 互联网时代电子商务发展的创新业态

第一节 互联网时代新零售的商业模式

一、互联网时代消费趋势及其零售商业模式转型

消费是社会再生产的最终目的，是经济可持续发展的关键动力和重要支撑。互联网发展是重要的消费条件，也是消费方式的重大革命[①]。

（一）消费趋势的发现

在当今互联网时代，随着网络经济的蓬勃发展，消费模式经历了前所未有的变革。为了深入探究新零售商业模式，我们必须首先深入理解互联网时代所带来的消费趋势。互联网的"即时性"特质彻底打破了传统消费的时间和空间限制，使得消费者可以随时随地通过智能手机等移动设备实现"一键消费"，从而享受全天候、无地域界线的购物体验。这种即时性不仅改变了消费者的购

---

① 李旭洋.互联网发展对中国居民消费结构的影响研究[D].北京：中国地质大学，2020：1.

物习惯，还为零售商提供了新的机遇和挑战。

同时，互联网的互联性特质重塑了电子商务的营销框架，促进了消费者与零售商之间的即时互动。这种互动不仅提高了购物的便捷性，还使得零售商能够更精准地了解消费者的需求，从而提供更加个性化的服务。通过大数据分析和用户行为研究，零售商能够更好地满足消费者的个性化需求，实现基于消费者偏好的定制化营销策略。

此外，"一站式"购买已经成为互联网时代的显著特征之一。这一特征反映了消费者对于高效、便捷购物体验的强烈追求。为了满足这一需求，零售企业必须构建一个全面覆盖的商品供应体系，提供从选购、支付到配送的"一站式"服务。这种全面的服务不仅能够提升消费者的购物体验，还能够增强消费者的忠诚度，从而在激烈的市场竞争中脱颖而出。

（二）零售商业模式面临的挑战与转型

1. 明确传统零售业与网络零售

传统零售业包括超市、便利店、专卖店、购物中心、工厂直销店等，其起源可追溯到 19 世纪中叶，至今有 100 多年的发展历史。相比之下，网络零售，包括电视购物、邮购、在线商店及电话购物等，作为新兴业态，正迅速崛起。两者在分类、企业规模、组织结构、消费者构成及市场状况等方面存在显著差异。随着网络零售的蓬勃发展，传统零售业面临诸多挑战，具体表现为：企业规模偏小，难以实现规模经济；物流配送体系落后，导致物流成本高企；区域发展不均衡，阶梯状分布特征明显；品牌影响力和美誉度不足；管理机制不健全，缺乏连锁经营所需的复合型人才等。

在电子商务交易模式下，人们不必面对面地在实体市场进行交易，也不必再依赖于纸质单据和货币进行交易。其快速发展对我国零售行业产生巨大影响，特别是对于传统零售企业而言：一方面，电子商务平台的搭建为这些企业提供拓展业务和吸引顾客的好处；另一方面，对传统零售企业带来冲击和颠覆。

随着消费者购物习惯的改变，特别是年轻一代更倾向于在线购物，传统零售业的客流量和销售额受到显著影响。同时，广告投放重心也逐渐从传统媒体转向互联网，进一步加剧了传统零售业的竞争压力。电子商务的快速发展催生了诸多基于网络的新商业模式，如直播带货、社交电商等，这些模式以其低成本、高效率的特点，对传统零售业的运营模式构成了严峻挑战。网上商店因运营成本较低，能够提供更具竞争力的价格，迫使传统零售商必须寻求变革以适应市场变化。在电子商务环境下，生产商可以直接与消费者建立联系，绕过传统的批发商和零售商，降低销售成本，提高流通效率。这一变化使得传统中间商的地位受到挑战，迫使零售企业重新审视自身在价值链中的角色和定位。

2.零售商业理念的革新

在互联网时代背景下，零售企业必须树立创新发展理念，以适应市场需求的变化。当前，消费者主导生产的趋势要求零售模式更加贴近消费者需求，特别是在构建具有强大产业链与价值链的商业模式上寻求突破。然而，部分零售企业仍面临理念滞后问题，缺乏市场导向思维与以人为本理念，忽视消费者需求调研，难以满足即时消费、互动消费与精准营销的需求。因此，零售企业需紧跟时代步伐，推动商业模式创新，实现新零售模式的突破。

3.零售商业定位的重塑

当前，部分零售企业在消费人群定位上缺乏战略高度与深度探索，导致定位体系不健全。例如，部分餐饮企业虽建立了 App 平台，但因缺乏精准的消费人群定位，未能根据儿童、中年、老年等不同群体的需求与口味提供差异化产品，影响了其市场竞争力。互联网的虚拟性要求零售企业在市场营销中更加注重精准定位，这要求企业进行系统设计与规划，打造具有特色化与针对性的新零售商业模式。

4.零售商业体系的重构

尽管部分零售企业在互联网平台应用上取得了一定成效，构建了相对完善的运营机制，但商业体系的不完善仍是突出问题。一方面，物流配送体系的不健全，特别是线上线下融合不够紧密，数字化流程管理、商品数字化、用户数字化等方面存在短板，降低运营效率。另一方面，服务体系多元化不足，线上客户服务团队的专业能力与服务水平有待提升，这不仅影响了企业的竞争力构建，还可能引发负面效应。因此，零售企业需高度重视商业体系的全面升级，通过优化物流配送、加强数字化建设、提升服务质量等措施，构建适应互联网时代要求的新零售生态体系。

二、新零售概述

新零售是指以消费者体验为中心的大数据驱动的泛零售形态。从本质上讲，新零售是"以消费者体验为中心"，重构了零售业态结构与生态圈，真正发挥"线上＋线下＋大数据＋现代物流"的系统化能力，从而达到满足消费升级需求、提升行业效率的目标。

（一）新零售的特点

1.渠道一体化

线上与线下渠道的融合是新零售最重要的特征。新零售的主要优势来自系统化的服务能力，它要求线上网店、移动微店、直营门店、加盟门店等多种线上线下渠道的全面打通与深度融合，将商品、库存、会员、服务等整合为一个整体。零售商不仅要打造多种形态的销售场所，还必须实现多渠道销售场景的深度融合，这样才能满足消费者的需求。

渠道一体化意味着零售商可以利用大数据和人工智能技术，对消费者的购物习惯和偏好进行分析，从而提供更加个性化的服务。比如，零售商可以根据消费者的购买历史，向他们推荐可能感兴趣的商品，或者在他们经常光顾的店铺中设置特定的促销活动。这种精准营销不仅能提高销售效率，也能增强消费者的购物体验。渠道一体化还促进库存管理的优化。通过线上线下数据的整合，零售商可以更准确地预测市场需求，从而减少库存积压和缺货的情况。

渠道一体化意味着零售商可以提供更加灵活的配送选项，消费者可以选择在线上下单，然后在最近的门店自提，或者选择快递送货上门。这种多样化的配送方式，不仅提高购物的便利性，也降低物流成本。

2. 经营数字化

科学技术的快速发展带来了企业营销领域的历史性变革，新零售应运而生，成为企业线上服务、线下体验以及现代物流深度融合的新模式[①]。零售企业无论是主动还是被动，都在积极地依托互联网技术提高经营效率，实现顾客数字化、服务数字化、营销数字化、交易数字化和管理数字化等经营数字化。其中，顾客数字化就是把消费者转化为企业粉丝或会员，识别并满足顾客的各种需求，即掌握数据就是掌握消费者需求，这是经营数字化的基础和前提。

3. 门店智能化

对于零售企业来说，经营数字化之后，门店的智能化进程就会逐步加快。解决消费者的不便问题，贴近社区需求的小型社区店、专业店、便利店等小而美的"小业态"店，是未来新业态转型的热门方向。在大数据时代，零售企业应用智能货架等智能硬件延展店铺时空，构建丰富多样的全新零售场景，如贴近社区的 24 小时营业的无人零售店，以此提升消费者的互动体验和购物效率。增加多维度的零售数据，可以更好地把大数据分析结果应用到实际零售场景中（如针对当地消费者的特点或喜好提供商品）。

4. 物流智能化

新零售可以满足消费者全天候和全渠道的消费需求，并由消费者自由选择

---

① 谢金材.新零售背景下企业电子商务营销策略的创新探讨[J].商场现代化，2024（16）：57.

到店自提、同城配送、快递配送等物流形式。新零售企业必须建立智能化的现代物流配送体系。一方面，在经营数字化和门店智能化的帮助下，门店之间可以共享库存，消费者需要什么、需要多少，都可以由智能物流实时调配，快速供应，这改变了传统门店大量铺陈与囤积商品的现状，实现了门店去库存化；另一方面，新零售从消费者的需求出发，倒推至商品生产，使零售企业按需备货，供应链按需生产，在生产端也实现了"零库存"。

（二）新零售的交易流程

在新零售的框架下，交易流程呈现出高度的数字化特征，从订单提交到结算付款，均应在线上环境中高效完成。当前，新零售的线下门店主要集中于超市与餐饮领域，其交易流程经过精心设计，以确保消费者体验与运营效率的双提升。

第一，零售企业通过构建专属的 App 作为线上交易枢纽，吸引并服务网络消费者。同时，线下门店也积极引导消费者下载 App 并注册成为会员，从而实现消费者信息的数字化管理。这一步骤不仅便于后续营销活动的精准推送，也为消费者提供更加个性化的购物体验。

第二，消费者在 App 上完成商品的选购与支付流程。即便身处智能门店之中，消费者也需通过 App 进行下单与付款，以确保交易数据的一致性与可追溯性。

第三，完成支付后，消费者可根据自身需求选择物流配送或线下自提 / 享受服务。若选择物流配送，新零售系统将智能匹配离消费者最近的前置仓，由前置仓迅速完成配货并配送至指定地址。若选择线下自提或享受服务，系统则会将订单信息发送至前置仓，由其配货后转运至最近的线下门店，供消费者便捷取用或享受服务。这一流程设计既保证了交易的灵活性，又提升物流效率与消费者满意度。

三、互联网时代下新零售商业模式的创新策略

（一）创新零售商业理念

市场导向与以人为本思维的融合。在互联网时代构建新零售商业模式，零售企业应将市场导向思维与以人为本理念深度融合，提升自身在复杂商业环境中的适应、创新与发展能力。市场导向要求企业敏锐捕捉市场信号，及时调整经营策略以满足消费者需求；以人为本则强调以消费者为核心，关注其体验与价值创造。

构建价值链与产业链发展模式。零售企业需将构建价值链和产业链发展模式提升至战略高度，推动商业模式创新。一方面，注重自身商业模式的内部优化，整合资源，降低成本，提高运营效率；另一方面，加强对消费者需求的精准调研与分析。通过立足随时随地消费、强化消费互动、突出精准定位三个层面，探索契合互联网时代的商业模式。例如，零售企业在构建 App 平台时，不仅要实现销售连接功能，更要注重优化平台功能，增强消费者感知能力，通过多样化的互动方式，如个性化推荐、用户评价与反馈机制等，加强与消费者的有效沟通与互动，提升消费者黏性。

（二）改进零售商业定位

基于场景与人群的精准定位。互联网时代对传统电子商务模式提出新挑战，零售企业需精准定位，尤其聚焦场景与人群定位，以增强企业吸引力与影响力。将消费人群定位提升至战略层面，深入分析不同消费者群体的差异化需求。以餐饮企业为例，应依据不同年龄段消费者的饮食习惯进行 App 平台的系统设计与展示，打造人性化、特色化的服务界面，最大化提升消费体验，满足个性化需求。

"保姆式"营销模式的应用。零售企业应积极采用"保姆式"营销模式，

从消费者视角出发思考问题。在商品配送环节，充分考虑消费者可能需要的辅助服务并落实到位。如对于生鲜产品，若企业在产品净化处理方面进行改进，将有效提升消费者满意度与认可度，进而增强企业整体竞争力。这种全方位关怀消费者的营销模式有助于建立长期稳定的客户关系，在竞争激烈的市场中形成差异化优势。

（三）完善零售商业体系

构建多功能商业运营体系。健全完善的零售商业体系是零售企业适应互联网时代、提升整体发展能力的重要基础与保障。以生鲜企业为例，应构建集超市、餐饮、物流配送、App 于一体的商业运营体系，拓展商业功能，形成复合功能体。通过整合多种业态，实现资源共享与协同发展，提高企业运营效益与抗风险能力。

物流配送体系建设。建立"即时性"配送模式，将配送时间优化作为核心目标，以满足消费者对商品时效性的需求。借助大数据、智能算法等技术，实现配送路径的精准规划与配送资源的合理调配，提高配送效率与准确性。

服务体系建设。构建完善的服务体系，涵盖服务内容的丰富性、服务流程的规范化以及服务评价的科学性。注重提升服务人员综合素质，加强客户关系管理，通过有效互动及时解决消费者问题，确保服务质量的稳定性与可靠性。例如，建立 24 小时在线客服平台，快速响应消费者咨询与投诉，提升消费者购物体验的满意度。

第二节　互联网时代社交电子商务及发展前景

一、社交电子商务

社交电子商务，是指基于人际关系网络，借助社交网站、微博、微信等社交网络媒介的传播途径，将关注、分享、沟通、讨论、互动等社交化的元素应用于电子商务交易过程的商业模式。社交网络媒体在实现社交电子商务的同时，加强自身推广、聚集流量，并获得广告费、佣金等收益。

（一）社交电子商务的特点

1.深度互动与共享

社交电子商务平台的核心在于其互动性和共享性。消费者之间、消费者与商家之间，甚至消费者与平台客服之间的多维度互动，构成了其独特的营销生态。用户生成内容（UGC）成为信息交流的核心，消费者通过上传产品图片、视频及文字评价，为潜在消费者提供全面、真实的产品信息，极大地增强购物的透明度和信任感。

2.时代性与模式创新

社交电子商务平台在社交平台或传统电商中融入社交元素，展现出鲜明的时代特征。它打破传统电商单一零售的局限，提供更丰富的商品选择，并促进从主动搜索到被动推荐的消费模式转变。此外，社交电商通过用户间的分享和互动来降低购买成本，如拼团、砍价等机制，为消费者带来新颖的购物体验。

3.高用户黏性与强互动性

社交电商依托社交网络，通过丰富的内容和深度互动，显著提升用户黏性。用户间的信任建立、品牌认可度的提升以及高度的用户参与度，共同推动商品的高转化率和复购率，为商家带来显著的经济效益。

4. 精准用户定位与高效营销

社交网络平台上的用户群组为商家提供精准的用户定位机会。通过分析用户兴趣和行为，商家能够定制化推送产品和服务，满足个性化需求，从而提高营销效率和转化率。社交电商的转化率远高于传统电商平台，凸显了其精准营销的优势。

5. 快速传播与低成本营销

社交电子商务的传播速度快，得益于社交行为的自然裂变效应。用户在社交平台上分享内容、参与讨论，可以迅速带动信息在不同社交媒体平台上的传播，从而带动流量和销量的增长。社交电子商务平台利用社交群内的口碑营销，每个社交节点都可能成为流量入口并产生交易，形成了一个"去中心化"的交易场景。这种模式降低了电子商务的营销成本，因为商家不再需要投入大量资金进行广告宣传，而是通过用户的自然分享和推荐来吸引新客户。

6. 下沉市场潜力巨大

随着城镇化进程的推进、人均消费水平的不断提升、互联网技术的飞速发展以及5G技术的落地应用，下沉市场的发展得到了有力的支撑。这些因素共同推动下沉市场的迅速崛起，为电子商务带来新的增长点。近年来，社交电子商务平台呈现出明显的下沉态势，与下沉市场的关系日益紧密。社交网络媒体与下沉市场的结合，再凭借社交电子商务本身所具有的发现式购买、去中心化、场景丰富等独特优势，使得其流量价值凸显，商业潜力巨大。例如，通过社交平台，商家可以更精准地触达三四线城市及农村地区的消费者，为他们提供更加多样化和个性化的商品和服务，从而开拓出一片广阔的市场空间。

综上所述，社交电子商务以其独特的社交属性和商业模式创新，在互联网时代展现出了强大的生命力和广阔的发展前景。随着技术的不断进步和市场的深入拓展，社交电商将继续引领电子商务行业的新一轮变革和发展。

（二）社交电子商务的模式

社交电子商务主要有内容类、拼购类、社区团购类、会员分销类四种主流模式。

1. 内容类社交电子商务

内容类社交电子商务可以理解为"社交＋内容＋电子商务"，主要是内容驱动成交，立足于共同兴趣聚合建成社群。通过高质量内容吸引海量用户，并通过引导，增强用户黏性，完成变现模式。典型代表有小红书、抖音、快手、蘑菇街等。

内容类社交电子商务，品牌商或经销商等将商品上架电子商务平台，同时，在内容端，网红经纪机构培养的网红、关键意见领袖、普通用户等提供图文、视频、直播等内容，内容中植入商品信息、使用体验和场景等，从而引起消费者的关注和传播，为商品做宣传并促成交易。

2. 拼购类社交电子商务

拼购类社交电子商务，是聚集两人及以上的用户，通过拼团减价模式，引起用户裂变，激发用户借助社交分享形成自传播，以便尽快促成交易的商业模式。其交易流程以"拼购＋社交"的商业模式，借助微信等社交媒体的巨大流量及信息传播的能力，以低价优势聚集流量，再以规模效应降低采购成本及物流成本，成为中小企业及尾货商品商户的首选。同时，入驻平台的商家主要是工厂店，以缩短供应链，降低中间成本。

3. 社区团购类社交电子商务

社区团购类社交电子商务是以社区为基础，形成社群，进行集中团购的商业模式。其交易模式为社区居民加入团购社群后，通过微信等社交媒体下单；社区团购平台提供仓储、物流、运营支持，一般于第二天将商品统一配送至社群团长处；由社群团长负责社区运营，主要包括团购社群运营、订单汇总及商品推广等；最后由消费者上门自提或由社群团长进行"最后一公里"的配送。

社区团购是微信商业化所带来的电子商务红利，依托于小程序的兴起，商业功能逐步完善，为社区团购发展奠定基础。以团长为基点，降低获客、运营及物流成本，预售制及集采集销的模式提升供应链效率。

4. 会员分销类社交电子商务

会员分销类社交电子商务，是个人微商的升级版。在早期个人微商模式下，个人店主需要自己完成商品采购、定价、销售、售后全消费流程。而在会员分销类社交电子商务模式下，由平台对接商品供应方，并为店主提供标准化的供应链、物流、内容、大数据、IT、培训、客服等一系列服务，店主只需要利用社交软件来推广建立自己的客户池，负责商品销售和用户维护，实现"自购省钱，分享赚钱"。会员分销类社交电子商务，就是通过来自店主的分销裂变带来获客红利，平台通过有吸引力的激励机制让店主获利，推动店主进行拉新和商品推广，有效降低平台的获客与维护成本。典型代表有云集、每日一淘等。

二、互联网时代下社交电子商务的发展分析

（一）互联网时代下社交电子商务的优势分析

社交电子商务在互联网时代展现出显著的优势，主要体现在以下几个方面：

精准营销、转化率高。社交电子商务平台能够利用社交用户组的属性特征，进行个性化的用户数据分析，从而实现精准营销。用户通过相似生活背景和审美偏好的关系链获取购物信息，这种基于社交关系的推荐更容易引发购买行为。同时，用户在社交网络上分享购物体验，不仅促进社交互动，还增强口碑传播效应，进一步提高转化率。

去中心化、节省成本。与集中式电子商务平台相比，社交电子商务依赖于

社交平台和熟人网络进行裂变传播，降低流量获取和用户维护的成本。随着消费升级和个性化需求的增长，社交电商在运营、渠道和用户获取成本方面展现出显著优势，成为电商行业的新宠。

运营效率高、推广及时。社交电商注重人与人之间的沟通，通过大数据技术实现用户管理，提高运营效率。购物信息沿着社交工具的熟人关系链迅速传播，实现了用户的"裂变"式扩展，为电商平台带来更多流量和潜在客户。

（二）互联网时代下社交电子商务的机遇分析

传统电商遭遇瓶颈，社交电商崛起。随着传统电子商务获取用户成本的增加和移动网购增速的下降，社交电子商务以其高频、低成本的社交为核心模式重新获得市场关注。社交平台庞大的月活人数为社交电商提供巨大的流量入口，为电商行业带来新的增长点。

国家政策支持社交电商发展。国家层面积极推动数字创意在电子商务和社交网络中的应用，鼓励发展虚拟现实购物、社交电商等营销新模式。同时，将社交电商运营师纳入人才培养计划，为社交电商的健康发展提供政策支持和人才保障。

技术创新推动社交电商升级。随着5G、人工智能、大数据等技术的不断发展，社交电商将迎来更多技术创新和应用场景拓展。这些技术将为社交电商提供更加个性化、智能化的服务体验，进一步提升用户黏性和转化率。

消费者需求多样化促进社交电商发展。随着消费者需求的多样化和个性化趋势日益明显，社交电商能够满足消费者对于个性化、定制化商品的需求。通过社交平台上的互动和分享，消费者可以更容易地找到符合自己喜好的商品，并享受社交购物的乐趣。

综上所述，社交电子商务在互联网时代具有显著的优势和广阔的发展机遇。随着技术的不断进步和市场的深入拓展，社交电商将成为电商行业的重要力量，为消费者带来更加便捷、个性化的购物体验。

三、互联网时代下社交电子商务的消费者购买行为

（一）社交电子商务环境中消费者购物行为的特征

1. 受信任好友、意见领袖影响较大

社交电子商务帮助用户过滤掉烦冗的信息，用户通过人际关系过滤掉冗余信息，使信息更有价值。互联网的发展使用户之间的交流更便捷，人们的购物行为不再受到地理位置和距离的限制。因此，基于网络的购买行为容易受到网络的社交圈的影响，例如消费者的购物行为将不可避免地受到可信赖的朋友、意见领袖等的影响。

2. 注重体验与沟通互动

社交电子商务利用社交网络连接来自不同场景的电子商务活动，使社交电子商务活动自带社交流量。在碎片化生态和情境传播中，用户体验直接影响到消费者的消费意愿，是消费动机乃至最后转换环节的核心。社交电子商务用户交互关系网络是由用户通过消息、评论、提问等建立起来的社交网络。在庞大的用户规模基础上建立起来的交互网络中，交互双方，即商家与用户相互影响，容易产生信任和依赖。互动关系能够使得用户与商家之间越来越熟悉，频繁的互动活动会加强双方的情感和信任度，从而利于信息交流和分享，最终促进交易行为的发生。

3. 易受有创意营销活动带动消费

社交电子商务具有社交属性，因此拥有强大的传播效应。在社交网络中发起的电子商务营销活动能达到事半功倍的效果。活跃度高的社交网络中，大多数用户通过分享、组团、付款团购的方式为社交电子商务平台实现了用户群的急剧扩张，实现了薄利多销。这种近乎"病毒式"传播的方式，在社交网络中以极低的成本持续推动新用户的增长。而这种方式也完全迎合了用户的消费

心理。

（二）社交电子商务环境下消费者购买行为的影响分析

社交电子商务的发展得益于互联网技术的发展，使消费者能够以自己为媒体的中心，以网状结构、社交化的形态去与人交流。移动支付的方便和普及逐渐改变用户的习惯消费入口。在基于人际关系网络的新型社交电子商务环境中，消费者的购买行为也受到新环境的影响，即以消费者的购物流程为出发点，从场景构建、社交传播、产品内容、共生关系维系这四个维度来分析消费者购买行为。

1. 场景构建

社交电子商务依托社交网络的流量，通过构建用户购物消费场景，唤醒消费者潜藏的需求意识。例如，"拼多多"构建了低价、拼购的消费场景，"小红书"构建了种草经验分享的消费场景，"礼物说"构建了寻求礼物攻略的购物场景，"云集""有赞"依托社交网络平台构建了微商城的消费场景等。它们的共同的特点，是从消费场景构建、用户消费需求等出发，构建了消费场景以满足消费者不同需求。

2. 社交传播

大众传播依赖内容驱动，互动传播依赖信用驱动。微博、微信、博客、论坛、播客等社交网络平台在互联网的沃土上蓬勃发展，爆发出令人惊叹的能量。用户在社交媒体上关于商品的关注、分享、互动等行为，往往有着病毒般的传染性，可以实现无限裂变传播。拼多多、云集微店等"社交＋电商"平台的崛起也都归功于此。社交平台的传播方式直接影响着消费者的购物行为，是提升转化率的关键。

3. 产品内容

电子商务行业经过多年的发展，在供应链、物流、品类上都得到显著的进阶。当下中国商业消费模式已从"需求型购买"跃迁到"喜好型购买"，高质量消费观念逐渐渗透，使消费者的消费趋势从低价格消费向高质量消费方向发展。链接的有效性靠的是优质的产品与内容，别开生面的内容、个性化服务、优质的产品，是促使消费者产生有效的购物行为的重要影响因素。

4. 共生关系维系

产品的背后是粉丝搭建的商业共生关系，是现代互联网时代下的"粉丝经济"共生模式，该模式通过提升用户黏性并以口碑营销形式获取经济利益。社交平台聚集了海量的用户群体，使社交网络成为巨大的流量池。基于用户的不同属性，形成了不同的产品型社群。社群的组织和互动有助于稳定特定的消费者群体，并产生复购行为，有利于形成稳定的消费者群体。

四、互联网时代下社交电子商务营销策略

（一）环境分析

从政治环境方面来看，政府对于社交电子商务的营销给予积极支持的态度，但同时为了电子商务科技产业能够顺利和稳定发展，也在法律层面给予了一定的法律规范。这样才能保证电子商务产业得到充分高效的发展。

从经济环境方面来看，目前我国坚持走资源节约型环境友好型社会的发展路线，因此经济发展方向重点也放在了那些经济、节能、绿色、低碳的企业。社交电子商务低碳式办公，减少人力和物力成本，高效快捷，顺应了国家经济发展的新方向。而这几年网络经济的迅猛发展也带动了电子商务产业，热门线上消费更加多元化，线上平台的产品也日益多样化，完全能够满足人们的各种需求，其发展环境和势头日渐强盛。

从社会环境方面来看，现在越来越多的人已经形成了网上购物的习惯，且年龄段逐渐地由年轻群体为主发展到老年群体也积极参与。很多的大品牌看到线上客户群体的不断增加以及人们消费模式的转变也纷纷在线上建立自己的电商平台或者在现有电商平台上开设自己的品牌专卖店。大到家用电器，小到百

货小吃，应有尽有。而传统的电商平台由于不清楚商品的实物情况而存在购物风险，而社交化的电商平台通过人与人之间的分享和评论能够将风险进一步降低。

（二）社交电子商务营销的优势分析

随着智能手机的大范围普及以及无线网络的全面覆盖，人们通过手机就可以自主地在社交经平台上进行线上购物，方便快捷。

在线支付技术的逐步优化和升级，其安全系数更高、操作更简单、普及率更高、优惠力度更大等特点都为消费者缓解了网购的支付顾虑。如支付宝和微信的"扫一扫"不仅可以识别商家的付款码，还可以直接识别商品的条形码，从而实现直接付款。现在很多大企业的社交化线上平台都可以进行顾客资源的分享，如在微信的小程序中就可以直接添加一些购物 App，在微信聊天中通过好友的推荐发送链接可以直接打开淘宝页面的指定商品，让互联网电商与社交化平台更加紧密地联合，共享更多的顾客资源。

目前，很多的线上购物平台都与普及率较高的社交平台相联合，方便用户切换和登录、注册。如在淘宝网、京东商城等大牌的线上购物平台在注册和登录过程中都可以选择微信号或 QQ 号一键登录，减少用户思考的时间，减少注册登录过程中的问题，提高注册人数和效率。同时好友之间可以相互看到买到的商品，比如拼多多，只要是拼多多好友就可以看到好友在拼多多平台上所购买的所有商品和价格，一方面可以让消费者在购买前与好友交流物品情况，另一方面可以刺激消费，形成被动式消费。不仅如此，消费者在评论区的评价商家无权随意修改和掩盖，这样就让一些与实物不符的商家降低信用度，造成一定的经济损失，也让其他的消费者看清事实谨防上当。

（三）消费者和商家双向互利

电子商务的双向化对于消费者和商家来说都是双向有利的，因为电子商务想要发展就要拥有更多的客户资源，而社交化就是将各种用户组织起来放在一个大的联系网里，通过社区的强大人流量来吸引越来越多的商家，而更多商家的加入也会丰富平台的内容，可选择性多了，那么又会增加用户流量。

由于众多消费者的主观思想有着极大的差异，从审美上和对产品的理解上都不尽相同，所以仅仅凭借消费者通过引擎搜索自己想要的东西可能费时费力最后还不见得有所收获，但通过社交化的圈子，通过好友之间的了解和推荐就能够有针对性地获得想要的商品。因此培养用户群是社交化电商营销的重要策略。

第三节　互联网时代移动电子商务的营销模式

一、移动电子商务

随着无线通信技术的发展，传统的有线电子商务逐渐发展为移动电子商务，并在人们日常生活中如影随形。移动电子商务将互联网、移动通信技术、短距离通信技术及其他信息处理技术完美地结合，使人们可以随时随地在线上或线上线下结合进行各种交易活动、商务活动、金融活动和综合服务活动，如购物、订票、转账、生活缴费等。从这里可以看出，移动电子商务的"移动"是手段，"商务"是目的，这两者是移动电子商务的重要特征。

（一）移动电子商务的特点

第一，便捷性。移动电子商务的核心优势之一是其便捷性，用户可以在任何时间、任何地点进行交易和商务活动。与传统的电子商务相比，移动电子商务不受物理位置的限制，用户可以通过智能手机、平板电脑等移动设备轻松访问电子商务平台，完成购物、支付等操作。

第二，多样化。移动电子商务的消费场景丰富多样，从线上购物到线下服务的预订，用户可以根据自己的需求选择合适的交易模式。同时，移动支付方式的多样性也为用户提供了便捷的支付体验，包括但不限于移动银行转账、第三方支付平台、电子钱包等多种支付手段。

第三，安全性。在安全性方面，移动电子商务相对于传统电子商务具有一定的优势。虽然计算机在进行电子商务活动时需要连接互联网，存在被其他设备访问的风险，但移动设备通常不会随意接受外部访问。此外，移动设备通常与个人手机号码绑定，而手机号码又与个人实名信息相关联，这在身份认证上提供了更高的安全性。

第四，可定位性。移动电子商务利用全球定位系统（GPS）和位置基础服务（LBS）等技术，能够更精确地识别用户的位置信息。这一特性使得服务提供商能够根据用户的具体位置提供相关的信息和服务，例如推荐附近的旅游景点、餐饮场所和住宿设施等，从而增强用户体验。

第五，创新性。由于移动电子商务涉及无线通信、无线接入、移动应用软件等多个技术领域，其商务模式更加多元化和复杂化。这种技术集成的环境为创新提供了丰富的土壤，使得移动电子商务领域成为新技术发展的温床。从移动支付到增强现实（AR）购物体验，移动电子商务领域的创新层出不穷，预示着该领域将成为未来技术创新的重要领域。

（二）移动电子商务的应用

移动电子商务，作为传统电子商务的升级版，不仅继承了传统电子商务的诸多优点，更在应用领域上实现了质的飞跃。

1. 移动购物

移动购物，顾名思义，是指通过移动终端设备进行的网络零售活动。随着智能手机的普及和移动支付技术的成熟，移动购物已经成为现代消费者购物方式的重要组成部分。2018 年以来，直播带货、新零售等新型购物模式的兴起，为移动购物注入了新的活力，推动其快速增长。例如，淘宝直播、京东直播等平台通过直播形式，让消费者能够实时看到商品展示和使用效果，极大地提升了购物体验和购买欲望。

2. 兴趣社交

兴趣社交是指围绕特定兴趣或文化背景的人群所形成的社交网络。在互联网时代成长起来的年轻人，已经成为电子商务消费的主力军。他们追求个性化、兴趣化的消费方式，更愿意在社交平台上分享自己的生活和喜好。移动电子商务与兴趣社交的结合，正是看中了兴趣社交平台背后庞大的用户流量。以小红书为例，这个平台聚集了大量对美妆、穿搭、旅游、美食等话题感兴趣的年轻用户。用户在分享自己的穿搭或美妆产品时，可以巧妙地融入一些营销信息，实现软文营销的效果，从而为品牌和商家带来潜在的客户。

3. 生活服务

随着移动电子商务的蓬勃发展，许多原本难以实现线上化的线下服务行业迎来了新的发展契机。生活服务领域的移动电子商务应用，通过移动支付和移动应用的结合，极大地提高了服务的便捷性和效率。消费者可以随时随地通过手机完成支付和预订，满足了他们随时随地的支付需求。无论是点外卖、骑单车还是叫网约车，移动电子商务都为消费者提供了更加灵活和高效的选择，极大地提升了生活品质。

4. 移动旅游

移动旅游是指用户利用智能手机、平板电脑等移动终端设备，通过移动支付方式完成与旅游产品供应者之间的交易活动。移动旅游电子商务提供的服务包括旅游信息服务、旅游服务的查询和预订、旅游产品个性化定制等。与传统的互联网旅游产品相比，移动旅游的用户可以随时随地获取基于位置的服务，如导航、即时预订酒店房间、即时获取周边景点信息等。目前，携程旅行App、飞猪旅行App等都是用户常用的移动旅游应用，它们通过提供丰富的旅游信息和便捷的预订服务，极大地提升了用户的旅游体验。

5. 移动医疗

移动医疗，即移动电子商务与医疗行业的结合，它为医疗服务提供新的模式和可能性。对于一些急症病人来说，在紧急情况下，借助移动通信技术，病人在救护车上就可以与医疗中心的医生进行快速、动态、实时的信息沟通。这种无线医疗模式不仅提高了医疗服务的效率，也使得病人能够更快地获得专业医生的意见和进行精准治疗。因此，无论是病人还是医院，都愿意为这种高效便捷的服务付费。

6. 移动娱乐

移动娱乐是指基于移动终端的娱乐活动，包括移动游戏、移动音乐、移动阅读、移动视频等。以移动游戏为例，目前市场上较为知名的移动游戏厂商包括腾讯和网易，但近年来，字节跳动、快手等大型互联网企业也开始布局移动游戏领域，使得市场竞争更加激烈。移动游戏的普及，不仅改变了人们的娱乐方式，也推动了游戏产业的快速发展。

7. 移动教育

移动教育是指在移动的学习场所或利用移动的学习工具所实施的教育活动。它是依托互联网、移动设备及多媒体技术实现的学生和教师间的交互式教学活动。移动教育打破时间和空间的限制，使得学习变得更加灵活和便捷。当前主流的移动教育平台有网易公开课、腾讯课堂等，这些平台提供丰富的课程资源和互动教学工具，满足了不同学习者的需求，推动教育的普及和个性化发展。

二、移动电子商务互动营销模式

互动营销是指企业通过与消费者的互动获取消费者的消费需求，再根据消费者的需求向其提供更具针对性的产品或服务，实现企业与消费者的双赢。对于企业而言，互动营销是维护优质客户良好长期关系的有效措施，能够帮助企业获得长期的收益。

（一）移动电子商务互动营销模式的优势

在移动电子商务环境下，互动营销体现出以下几个方面的优势：

第一，以更丰富的手段向消费者展示商品信息，包括图片、视频、文字等，消费者通过全方位的商品展示能够更全面、立体地了解商品，提高对商品的信任度；电子商务平台还可以规划自身的信誉度，这也是消费者认可企业的重要依据。企业会不断优化产品的质量保障标准及售后服务流程，并公开展示产品价值，保证了产品营销的透明度，这些都会不断提升消费者对移动电子商务互动营销的依附性，不断获得消费者的信任。

第二，保证了消费自由。在企业营销过程中，企业会根据商品的特点、价值、服务等设计营销模式，在电子商务中企业通过网络技术的支持丰富了商品的展示元素，帮助消费者更加全面地了解商品，并根据自身的实际需求选择适用的产品。随着电子商务的不断发展，各种购物平台的服务流程也越来越完善，买家与卖家可以实时发起对话咨询商品信息，最大程度上保障了消费者自主消费的权益。

第三，满足了消费者的购买意愿。在移动电子商务互动营销模式中，买方向卖方表达消费需求，卖方则根据买方的要求个性化地定制商品，为消费者提供更人性化、更全面的服务，提高消费者的满意度，企业的信誉度、影响力也会随之提升。移动电子商务平台还会为消费者提供完善的信息检索服务，消费者只需在搜索框输入关键词即可快速找到自己需要的商品，满足了消费者多样化的消费需求。

（二）移动电子商务互动营销的类型

常见的移动电子商务互动营销平台包括社交媒体平台、虚拟品牌社群、各类论坛、即时通信工具等。其中社交媒体平台包括微博、博客等，这种多点对多点的传播方式有助于消费者自主选择其他用户，每个个体都可以是信息源中心，关注者（粉丝）们则以该个体为核心形成一个传播圈；虚拟品牌社群，比如自建的 QQ 群、微信群、"果粉圈"等，这类平台主要是以网络为媒介，由同一类群体通过网络媒介进行持续性的社会互动，最终形成一套完整的社交关系；论坛则是指天涯论坛、豆瓣小组等，这种平台主要发挥论坛意见领袖的影响，形成一种自上而下的伞形结构的信息传播模式；即时通信工具则包括 QQ、微信、阿里旺旺、京东咚咚等，这种平台主要是一对一的单独交往形成一组组关系链，也是现实中社会关系向互联网的转移。随着大数据技术、AI 技术的不断发展，自媒体时代促进移动电子商务的蓬勃发展，企业、品牌纷纷入驻电商平台，通过各种营销抢占市场，吸引新顾客，增强老顾客的黏性。

互动营销是目前最常用也最有效的营销策略。根据发布信息与发布对象的不同，移动电子商务的互动营销可以分为一对多、社群运营、个性化互动三种类型。所谓一对多即企业针对每位消费者发布相同的商品信息，社群运营则是针对不同的人群发布更具针对性的商品信息，个性化互动则是一对一地进行互动。一对多适用于广泛宣传，企业可以利用自己的官方微博、电商平台、官方网站等发布产品信息，比如上新时；社群互动适用于相关的促销活动，比如"双十一"促销活动时，企业可以向自己的目标客户群发送不同内容的信息，实现信息的定向投放，达到直复营销的目的；个性化互动则是企业服务人员与消费者进行一对一的沟通，主要用于解决消费者个性化的咨询问题。实际营销过程中，企业可以根据自身的产品特点选择不同的类型。

（三）移动电子商务互动营销策略

针对移动电子商务互动营销过程中存在的问题，建议从以下几个方面进行改善，以提高互动营销的有效性：

1.打造优质的互动内容，提高消费者的黏性

第一，注重渗透关于产品的实质性内容，根据产品的市场定位、品牌内涵

定制更具针对性的互动内容，提高互动营销内容的专业性及消费者的互动性。企业、商家可以聘请专业的营销团队找准自身产品的市场定位，基于目标消费者的角度设计互动营销的内容，激发消费者的兴趣点，多设计消费者能够直接参与的活动。比如通过直播平台进行互动营销时，企业如果想利用明星的流量效应，就可以对明星进行专业升级，使其对产品有更多的了解，通过明星试吃、试用、试穿等互动环节，提升明星与消费者互动的专业性，从而扩大产品营销的受众覆盖面。

第二，注意互动营销过程中要充分发挥明星影响力的作用，企业可以向明星提供产品，明星试用后在移动电子商务平台上发布产品的使用感受，收集消费者的评论意见，企业在消费者的评论意见中找出评价最认真、最客观的用户，其可以享受与明星一起到直播间进行直播宣传的福利，以获得更大的辐射作用。

2. 创新营销的互动方式

互动营销的精髓在于"互动"。互动过程中消费者能够参与产品的销售过程，对产品的相关信息有更深入、更直观的了解，并在这个过程中对企业、品牌形成良好的黏性，最终刺激消费者产生持续的购买行为。

第一，创新移动电子商务互动营销的互动方式。可以创新直播购物场景，将直播间打造成具有故事情节的环境，比如热映的电影，将产品融入故事情境中，主播、消费者能够通过更加真实的环境代入到产品的使用场景中，使消费者体验到线上购物的现场感，真正实现沉浸式购物。

第二，企业、商家还可以将产品的营销内容与网络游戏结合在一起。比如，销售人员通过游戏互动吸引更多的消费者，将产品信息自然地植入游戏活动中，对消费者产生潜移默化的影响，使其产生购买欲望。还可以将产品信息融入知识问答游戏中，促进产品信息及企业品牌的营销转化，以优惠券、折扣等形式作为游戏奖品，吸引消费者积极参与。

第三，移动电子商务的互动营销还要注意产品营销的联动效应及病毒式传播。比如，产品直播销售可以与微信、微博、QQ等社交媒体结合在一起，实现产品信息的二次传播。

3.提高互动关联度，打造企业品牌形象

移动电子商务环境中互动营销的最终目的就是宣传企业的品牌，促进企业品牌形象的长期发展，因此企业要加强与移动电子商务平台的深入合作，针对移动电子商务制定针对性的互动营销策略。产品上市前期的互动营销方案以吸引消费者的注意力为主，提高产品在消费者心目中的地位，获得消费者的认可；营销过程中则要注意消费者现场感与参与感的营造，提高产品与互动营销内容的融合度。

注意互动营销要与广告植入区别开来。互动营销更强调互动内容的态度、深度及质量，互动内容要与产品品牌的内涵精神保持一致，与营销目标及生产活动的整体格调保持一致。互动营销要考虑产品品牌长期发展的一致性、连贯性，在互动营销中融入企业文化的内容，避免互动内容过度娱乐化。此外，互动营销过程中要注意及时收集消费者的信息反馈，解答消费者对于产品的疑惑；还可以不定期地举办公益营销活动，传播正面的品牌文化形象，收获更好的市场效果。

总之，移动电子商务具有即时、互动、时效的特点，打破商家单向发起沟通的传统营销思维，在消费过程中消费者与商家、消费者之间都可以进行互动沟通，加速商品信息的流通。移动电子商务环境下互动营销为企业开拓了更大的盈利空间，通过企业、商家与消费者的良性互动，向消费者传达更丰富、准确、立体的产品信息，获得消费者的认可，最终刺激其消费行为。尽管目前移动电子商务互动营销过程中还存在诸多问题，相信随着互联网技术的不断发展，互动营销理论的不断完善，互动营销在移动电子商务中的应用会有着更广阔的前景。

三、移动电商互联网营销模式创新应用探析

（一）注重微信营销

在当前互联网时代发展背景下，开展电商营销，必须注重对各类用户平台的合理应用。随着互联网的便捷性日益突出，应最大程度地满足现代化社交需求。同时，也要为电商营销提供对应的天然应用平台，引导广大消费者做好商品评价。基于社交平台的分享，能实现全面扩散，在熟人群体中建立良好的口碑效应，营销效果较为突出。

在目前的电商营销中，商家要注重建立自己专属的公众号，为广大消费者积极推广传播相应的产品和服务，分享产品应用信息等。例如，通过公众号推送新品上市信息、促销活动、用户评价等，可以有效地吸引消费者的注意力，增加产品的曝光率。

基于微信群以及朋友圈的推广有助于强化社会化营销属性。商家可以通过创建微信群，邀请忠实消费者加入，定期在群内发布产品信息、互动活动，甚至可以进行产品试用和反馈征集，这样不仅能够增强消费者的参与感，还能通过口碑传播吸引新消费者。朋友圈推广则可以利用消费者的好友关系网，通过用户分享产品信息或使用体验，实现信息的快速传播。

通过社交平台开展市场营销推广，其基本优势主要在于整体营销成本较低，信息实际传播速率较快，流量裂变可能性更大。例如，一条精心设计的微信朋友圈广告，可能在短时间内被大量转发，从而达到病毒式营销的效果。因此，商家在使用社交平台进行营销时，需要特别注意内容的质量和真实性，避免产生负面影响。

从目前电商企业的发展来看，积极应用社交平台进行市场化销售，要注重全面强化市场信用度，补充多项服务，在消费者群体中建立较高的信任度。例

如，商家可以通过提供优质的售后服务、建立完善的退换货机制、及时响应消费者咨询等方式，来提升自身的市场信用度。此外，通过定期举办线上互动活动，如抽奖、问答等，可以增加与消费者的互动，进一步增强消费者的信任感和忠诚度。只有在消费者中建立了较高的信任度，商家才能在竞争激烈的市场中脱颖而出，实现可持续发展。

（二）基于云平台的营销

近年来，我国网络技术的发展速度令人瞩目，尤其是在云平台技术方面取得了显著的成就。云平台作为技术进步的重要成果，已经在数据收集、管理、分析和存储等多个方面展现了其卓越的应用价值。随着云平台技术的不断成熟和完善，其在电商营销领域的积极作用愈发明显。以淘宝为例，近年来它所创造的"双十一"购物节现象背后，与云平台的数据技术应用密不可分。通过云平台的强大功能，企业能够有效地获取和处理海量数据信息，从而对消费者的消费水平、消费频次、年龄、性别、地区分布、购物偏好等进行深入细致的分析。这些分析结果为电商企业提供了宝贵的参考，使得营销策略更加精准和有针对性。

目前，云平台在电商领域的实际应用范围已经相当广泛。在云平台的支持下，电子商务能够有效地构建起"4P+4C"营销模式。以"产品＋消费者"模式为例，这种模式强调将市场化的营销重点放在满足消费者的各项需求上，推动产品和服务向一体化发展。基于云平台的建设，电商企业可以对消费者的消费习惯进行全方位的分析，持续挖掘消费者的喜好和需求，进而为消费者推送更加个性化的产品和服务信息。在这种模式下，市场化营销能够更加贴近消费者的真实需求，其应用效果自然更加显著。

价格与成本模式是云平台应用的另一个重要方面。这种模式主要针对那些对价格较为敏感的消费者群体，通过分析消费者的消费选择，发挥云平台的作用，促使销售商家能够根据市场情况积极调整价格策略，制定出最合适的销售价格。在渠道以及便利性模式中，重点在于打造快速消费闭环的销售策略。例如，通过支付宝或微信等支付工具，对消费者的购物、支付等消费流程进行全面优化，从而提升消费者的购物体验。

在促销以及沟通模式中，这种模式特别强调商家与消费者之间的交流与互动。电商企业需要及时发布各种市场促销信息，同时也要注重接收和倾听消费者的声音，不断迭代和优化产品及服务。在与消费者的互动过程中，企业可以更好地了解消费者的需求和反馈，从而在产品和服务上进行相应的调整和改进。通过这种方式，企业不仅能够加强与消费者的联系，还能够提升品牌的忠诚度和市场竞争力。

（三）基于数字化的电商营销平台优化

在当前互联网发展的新时期，电商营销平台的智能化发展已经成为市场营销领域一个重要的发展方向。随着技术的不断进步，智能化的营销策略正在逐步改变传统的商业模式。从智能化的基本发展步骤来看，需要从多个方面进行集中管控，以确保整个营销过程的高效和精准。

第一，需求发现的重视是战略规划的关键坏节。企业须针对多样化的商业目标，执行系统的信息输入任务，并进行深入的系统分析。借助大数据分析和市场调研技术，企业能够有效地对市场上的畅销商品进行优化组合，以迎合不同消费者群体的需求。例如，通过分析消费者的购买记录和网络浏览行为，企业可以预测潜在的热门商品组合，并据此调整其市场营销策略。

第二，数据信息的采集是智能化进程的基础。在此过程中，企业必须掌握数据获取的技术方法，并明确采集数据的重点领域。所涉及的数据类型包括消费者的个人信息、购买行为、搜索历史以及社交媒体互动数据等。数据采集完成后，企业应在确保遵守隐私保护法规的前提下，深入挖掘用户的个人偏好。通过精细化的用户偏好分析，企业能够为消费者提供定制化的购物体验和产品推荐。

第三，数据信息的存储与管理对于后续的应用与分析至关重要。在电子商务营销平台的应用场景中，企业需建立一套高效的商务智能系统，该系统应成为智能应用架构的核心组成部分。该系统能够实时监控市场动态，为管理层提供及时且智能化的信息支持，进而推动商业价值的最大化展现。

第四，在互联网时代，多数消费者的个性化需求特征变得越来越突出。为了满足这些需求，各类电商企业不仅要为消费人群补充更多个性化服务，还要为用户提供更多有价值的信息。这包括对服务的时效性和及时性提出具体要求，以确保用户能够获得最佳的购物体验。

第五，注重做好各项动态数据分析和挖掘工作，补充更多智能技术应用支持也是至关重要的。通过实时监控市场变化和消费者行为，可以快速调整营销策略，以适应不断变化的市场需求。例如，利用机器学习算法，人们可以预测市场趋势，优化库存管理，甚至实现动态定价策略，从而在竞争激烈的市场中保持领先地位。

（四）互联网电商营销用户关系管理

在互联网环境中，产品不仅仅是商品本身，它已经转变成一种媒介，通过这种媒介，企业能够与消费者建立更为直接和频繁的接触。为了在激烈的市场竞争中脱颖而出，企业必须注重为消费人群补充更多的增值服务。这些服务可以是个性化推荐、定制化内容、会员专享优惠等，旨在提升用户体验，增强用户对品牌的忠诚度。

做好用户关系管理和维护是电商营销成功的关键。企业需要通过多种渠道和方法，深入了解用户的真实需求和偏好。这不仅包括用户在购买过程中的行为数据，还包括用户的社交网络活动、在线互动反馈以及通过市场调研获得的定性信息。通过多路径的信息收集，企业能够构建起一个立体的用户画像，从而更精准地进行市场定位和产品推广。

选取社会网络分析模式是实现这一目标的有效手段之一。社会网络分析模式通过分析用户之间的互动关系，帮助电商企业识别出关键的意见领袖和影响力节点。例如，通过分析用户在社交平台上的分享、评论和点赞行为，企业可以发现哪些用户对品牌具有较高的忠诚度，哪些用户能够影响周围人的购买决策。这种分析模式的应用已经相对成熟，它不仅能够帮助电商企业对用户群体进行有效划分，还能揭示不同群体之间的对应联系，实现群体间信息的交叉传递。

通过社会网络分析，企业能够获取多数用户的个体需求，从而满足用户个性化发展的特点。例如，通过分析用户的购买历史和浏览习惯，企业可以为用户提供个性化的推荐，使用户感觉到品牌对他们的独特关注和理解。这种个性化的服务能够显著提升用户的满意度和忠诚度，最终实现用户价值的最大化。

此外，用户关系管理还涉及用户反馈的收集和处理。企业需要建立一个高效的反馈机制，让用户能够轻松地表达自己的意见和建议。通过分析这些反馈，企业可以及时发现产品或服务中的不足之处，并迅速做出改进。这种以用户为中心的管理方式，不仅能够增强用户的参与感，还能帮助企业持续优化产品和服务，保持竞争力。

综上所述，互联网电商营销中的用户关系管理是一个多维度、多层次的复杂过程。它要求企业不仅要在技术上不断创新，还要在服务理念上不断进步，始终将用户的需求和体验放在首位。通过这样的努力，企业才能在互联网时代赢得用户的信任和支持，实现长期稳定的发展。

（五）注重做好产品分销以及价格策略创新

在当前经济形势下，企业必须重视对传统营销策略的更新和创新，以适应不断变化的市场需求。利用网络技术，特别是互联网的快速发展，企业可以更有效地与消费者进行互动和沟通。通过建立强大的在线平台，企业可以优化产品分销流程，确保消费者能够轻松地进行下单、付款、接收配送以及享受售后服务。为了提高网络营销的易操作性，企业应不断优化用户界面和购物流程，从而节约企业发展成本，提升用户体验。

企业需要密切关注市场动态，及时掌握第一手资料，以便对产品市场售价和服务内容进行集中优化。根据消费者反馈，企业可以调整产品特性，改善服务质量，确保产品和服务能够满足消费者的实际需求。在互联网的发展背景下，企业必须对现有的生产方式和营销模式进行深入分析，以建立正确的认知。传统的营销模式往往无法满足现代消费者的多样化需求，因此企业必须创新思维方式，以适应激烈的市场竞争环境。

在产品定价策略上，企业应根据不同的消费者群体制定相应的价格策略。通过市场细分，企业可以为不同的消费者群体提供定制化的服务和产品，确保产品价格与消费者的价值感知相匹配。例如，对于追求高性价比的消费者，企业可以提供经济实惠的产品选项；对于那些注重品质和品牌价值的消费者，则可以推出高端产品线。通过这种差异化定价策略，企业能够确保其产品受到更广泛社会群体的接受，从而实现企业发展的利益最大化。

此外，企业还应利用大数据分析工具来更好地了解消费者行为和市场趋势。通过分析消费者的购买历史、浏览习惯和社交媒体互动，企业可以更精准地定位目标市场，制定出更有效的营销策略。同时，企业还应关注新兴的电子商务平台和社交媒体渠道，利用这些平台的特性来推广产品，扩大市场覆盖面。

综上所述，企业要想在竞争激烈的市场中脱颖而出，就必须不断创新其产品分销和价格策略，以满足消费者的需求，提高市场竞争力，并最终实现企业的可持续发展。

第四节　互联网时代直播电子商务及发展路径

直播电子商务，这一新兴的商业模式，是将"电子商务"与"直播"相结合的产物，它利用网络直播的实时互动特性，将传统的在线购物体验提升到一个新的层次。在这个模式下，主播与消费者之间可以进行双向互动，这种互动不仅让购物过程更加生动有趣，还让消费者感受到一种"有温度"和"有存在感"的购物体验。

一、直播电子商务的要素与价值

（一）直播电子商务的要素

为了确保直播电子商务的成功，需要重点考虑以下几个关键要素。

1. 人

人：即主播的选择，是直播电子商务中至关重要的因素。一个合适的主播能够对消费者（需求侧）产生巨大的影响力。在选择主播时，需要从三个维度进行考量：匹配度、带货力和性价比。

第一，匹配度。匹配度指的是主播与品牌或产品的契合程度，一个与品牌理念和产品特性高度一致的主播，能够更好地向消费者传达产品的价值。

第二，带货力。带货力是指主播吸引消费者购买产品的能力，一个拥有强大带货力的主播，能够显著提升销售业绩。

第三，性价比。性价比则是指在主播的影响力和带货能力与所付出的成本之间的平衡，选择性价比高的主播，能够帮助品牌商在控制成本的同时，实现最大的销售效果。品牌自有主播通常能够提供更为专业和深入的产品解说，而网红"大V"则拥有自己的私域流量,这使得他们对产品的推广和宣传起到了不可忽视的作用。

2. 货

货:即供给侧的管理,也是直播电子商务中不可或缺的一环。直播让货品成为焦点,因此,商家需要确保其供应链的高效运作,以及货品的高品质。高效的供应链能够保证货品的及时供应,满足消费者对快速交付的需求。而高品质的货品则是赢得消费者信任和满意度的关键。在直播过程中,消费者能够直观地看到产品的展示,因此,产品的质量直接关系到消费者的购买决策。

3. 场

场:即直播的场景设置,是营造沉浸式虚拟购物体验的重要因素。主播、消费者和货品三者之间的交互是基于特定场景进行的。为了促成交易,直播间需要按照既定的剧本形成一个场域,这个场域能够引导消费者进入一个特定的购物环境,让他们在观看直播的同时,仿佛置身于一个真实的购物场景中。通过精心设计的场景布置、背景音乐、互动环节等,主播可以带领观众进行一场视觉和听觉的盛宴,从而激发消费者的购买欲望,最终促成交易。这种沉浸式的体验不仅能够增加消费者的停留时间,还能够提高消费者的购买转化率。

(二)直播电子商务的价值

1. 优化供应链,增加消费者让利空间

相对于传统电商流程烦琐、环节众多的特点,直播电子商务通过主播及其选品团队与品牌生产供货商的直接对接,以及下游的消费者对接,实现了供应链的精简。这一变革不仅提升了效率与利润率,而且通过主播的严选和推荐,消费者购买决策过程得以大幅缩短,减少时间成本。同时,直播电子商务的规模化效应显著,部分头部主播甚至能帮助企业实现零库存。

随着直播电子商务的迅速崛起,众多传统商贸城和生产基地纷纷转型,探索建立直播电子商务供应链基地。目前,大量实体贸易市场能够提供从货品供应、直播带货到物流仓储、网络主播培训的一站式服务，极大地降低了市场准入门槛，为市场参与者提供了更多机会，提升了行业整体效率。

2. 沉浸式场景营销，提升转化率

直播作为一种新兴媒介，依托 5G 技术，能够实时、真实地促进人际沟通，实现低成本的高清信息传递。直播电子商务通过沉浸式场景的营造，从内容上满足了消费者的沉浸感需求。直播场景的多元化，不仅是一次营销红利，更是一种新的媒介形式。

与传统电商相比，直播电子商务在场景聚焦方面表现出强烈的效应。主播在直播过程中，以消费者身份全面展示产品并亲自试用，提供即时反馈，使得购物体验更为直观和真实。以刘涛在聚划算平台的沉浸式直播为例，其直播结合了综艺与卖货元素，为消费者带来全新的网络购物体验。通过场景搭建，刘涛成功模糊了"主播"身份，使观众仿佛置身于其生活环境中，有效降低消费者的感知风险。

3. 多元化社会参与，拓展市场机会

直播的低门槛特性吸引了众多用户参与直播电子商务。在"人人主播"的时代背景下，直播与各领域融合，形成了众多直播达人。这些达人中既有行业精英，也有跨界的"新手"主播。在此背景下，不少基层领导干部变身跨界主播，通过直播带货，助力本地农产品销售，推动地方脱贫攻坚。这些活动充分展示了直播电子商务相对于传统电商的显著优势。

直播电子商务成为促进消费、推动内循环的新引擎，各地政府对此持积极态度，纷纷出台政策支持直播电子商务的发展。

4. 基于大数据的精准营销

随着消费者需求的多样化和个性化，电商行业需要满足这些不断变化的需求。大数据技术在互联网技术的深入发展下，开始广泛应用于商业、经济等领域的数据分析和挖掘。

大数据技术的应用改变了电商平台的营销方式。电商平台通过大数据分析用户购买信息，筛选出潜在消费者，实现精准营销。直播电子商务同样如此。平台根据消费者的偏好、习惯和购买记录，构建消费者画像，并通过大数据深入分析，直击用户"痛点"，推荐相关产品和直播间，实现精准营销。大数据下的直播电子商务精准营销有助于整合平台资源，提升经济效益，改善服务质量，扩大用户群体，实现平台与用户的共赢。

二、互联网时代下直播带货行为的分析

互联网直播带货这一商业模式诞生于 2016 年，带货主播通常以互联网平台为基础，提供实时回复和导购服务，以现场直播的方式向观众售卖商品。随着互联网不断优化与移动设备的大范围普及，为互联网直播的未来提供了无限可能。自 2019 年以来，互联网直播带货这种"直播 + 电商"商业模式显示出其不可比拟的优越性，深受网民青睐，呈现出井喷式增长的态势，所带来的经济效益是游戏直播与秀场直播远远不及的，直播带货从最初的商品销售也逐渐扩展到多个领域，例如医疗体检、网课培训等。

（一）直播带货行为的特点

1.直播带货中价格优惠力度大

主播与观众黏性较强。许多知名带货主播能够吸引庞大流量，因此商家往往采用薄利多销的方式给予带货主播更为优惠的价格或者附加更多赠品。此外，互联网直播带货这一模式将生产厂家与消费者对接，直接将商品送到消费者手中，省略了传统购物模式中经销商等中间渠道，极大地降低交易成本。并且各大直播间打着"全网最低价"的口号，不定期举行限量秒杀活动，再加上平台补贴等，的确能够给到直播间观众最为优惠的折扣，价格上的优惠力度大使得直播带货最能吸引消费者。

2. 直播带货中实时互动性强

在传统网络购物模式下，商家借助淘宝、京东等电子商务平台发布商品信息，消费者根据自己需求搜索相应商品，商品主页主要以静态图片与文字的方式进行展示，消费者需要自行查看商品相关参数并比对卖家评论反馈后再斟酌是否购买该商品，体现出传统网络购物模式是一种由消费者主导的单向性购物活动。

与传统网络购物不同，互联网直播带货体现出更强的实时互动性。直播平台主要依靠算法推荐技术向观众推送直播内容，基于用户历史浏览内容的标签，以及用户自身的标签进行匹配。直播平台主动向观众推送可能感兴趣的直播内容，观众可以根据自身喜好选择是否进入直播间。在直播间内，观众与主播可以进行面对面互动，针对观众提出的问题，主播可以实时答疑解惑。此外，随着5G与AI技术的发展，主播能够更加全方位进行商品展示与解说，使得观众更能产生身临其境之感，消费体验更好。

3. 直播带货中人格化程度高

在传统的工业化时代，商品主导逻辑是主流的经济研究范式。商品主导逻辑植根于新古典经济学，是通过向顾客提供产品、技术等对象性资源，满足顾客需求并创造顾客价值的逻辑。

在传统市场环境下，商品品质所带来的良好口碑是市场关注的焦点，而在互联网直播带货中，带货主播的人格与商品息息相关，商品主导逻辑逐渐被主播人格主导逻辑所取代。带货主播能够带来庞大流量，吸引其粉丝观看直播并进行在线互动，粉丝往往出于对主播的喜爱而信赖带货主播推荐的商品，进而达到销售商品的目的。带货主播独特的个人魅力吸引众多观众了解相关商品，使得商品成交率显著提升，显示出在直播带货中人格化程度较高的特点。

（二）直播带货行为的种类

1. 助营式直播带货

助营式直播带货即狭义的直播带货，是社会大众所普遍熟知的直播带货类型，带货主播为商品生产者或销售者的委托带货人。商品生产者或销售者为了获取更大的经济利润，往往会选择自带庞大流量的带货主播进行合作，带货主播与商品生产者或销售者签订委托合同，便成为该商品生产者或销售者的委托带货人，在直播间内以自己的名义推荐、销售商品或者为该商品站台、代言。由于在助营式直播带货中，商家看重的是带货主播的火爆人气，因此带货主播往往具有很高的知名度，在实践中主要表现为明星、网红或者是在其他领域内具有一定影响力的人。

2. 自营式直播带货

（1）带货主播为商品生产者或销售者

众多品牌在直播平台都注册了官方账号进行营销，某些知名商品的生产者或销售者往往具有一定知名度，为了吸引观众进入直播间从而大量出售商品以获得更高的经济效益，商品的生产者或销售者会选择亲自坐镇直播间进行带货。

开设直播间，并在企业内组建专业的直播团队，工作人员专门负责在直播间内对商品进行推荐，从而达到销售目的。在此种情形下，带货主播与企业签订劳动合同，带货主播为商品生产者或销售者的内部员工，类似传统线下销售模式中的导购人员，因此带货主播向观众推荐商品的行为，属于职务行为。

（2）带货主播为个体

进入直播带货行业门槛较低与该行业收入丰厚的特性使得大批民众涌入直播带货领域，纷纷拿起移动设备成为带货主播。以个人的名义在直播平台注册账号，在自己开设的直播间内向观众推荐商品，以期寻求经济利益。此种类型的带货主播往往自行寻找货源渠道，自掏腰包进货后再将其以合适的价格出售给消费者，从中赚取差价，类似于传统线下销售中的个体户。带货主播既要负责售前咨询与发货，还要亲自提供售后服务。此类带货主播虽然规模较小，却是当下常见的带货主播种类之一。

3. 特殊公益式直播带货

为了帮助农民渡过难关，拓宽农产品销售渠道，许多地方行政官员走进助农直播间，摇身一变成为带货主播，为当地农产品"代言"，助力农产品销售。"政务直播＋助农"是当前地方行政官员直播带货的主要形式。此类直播带货的显著特点在于其公益性，即带货主播作为地方行政官员在直播间宣传推广本地农产品时不收取任何报酬。

三、互联网时代下直播平台企业盈利模式构建

盈利模式是一种战略。企业需要根据市场环境的变化，优化自身的业务措施，以此来获得持续的价值创造。盈利模式以价值创造为中心，其他要素都围绕价值创造来分析。互联网盈利模式离不开数据和信息技术的支持，互联网企业提供产品或服务，并利用互联网进行资金和信息的传递增值，这样一个完整的体系机制就是互联网企业的盈利模式。互联网直播平台有其独有的特点，要建立适合的盈利模式，需要牢牢把握其特点，并与行业环境、企业的业务联系起来。

（一）我国互联网直播平台概况

我国互联网直播行业形态多样，主要涵盖秀场直播、游戏直播、泛娱乐直播等多个细分市场。这些直播形式不仅丰富了人们的网络生活，也推动了相关产业的发展。

1. 秀场直播

秀场直播作为我国互联网直播的核心构成部分，其发展历程可追溯至视频直播的初始阶段。最初，秀场直播主要以音乐、舞蹈等才艺展示为主，观众通

过打赏的方式与主播进行互动。目前,各大直播平台普遍设有秀场直播区域,提供多样化的节目内容。在此领域,主播们通常展示各自的才艺,如唱歌、跳舞、乐器演奏等,观众则有机会与主播们进行交流互动,甚至可以点播节目。秀场直播主要以女性主播为主,她们凭借其特有的吸引力,吸引了大量的用户关注。随着直播技术的提升和平台的推广,直播规模持续扩大,为相关直播平台带来显著的经济收益。一些知名的秀场直播平台,如 YY、花椒等,已经成为人们日常娱乐的重要组成部分。

2. 泛娱乐直播

泛娱乐直播是一个包含多种与娱乐相关的直播类型的总称,包括综艺、体育、电商、财经等。这类直播与人们的日常生活密切相关。随着生活方式的日益多样化,泛娱乐直播的范围也在不断扩展。近年来,互联网技术的快速发展使得人们可以随时随地使用移动设备进行直播,从而推动泛娱乐直播的蓬勃发展。例如,电商直播通过展示商品、试穿试用等方式,让消费者更加直观地了解产品,从而促进在线购物的普及。财经直播为观众提供实时的市场分析和投资建议,帮助他们更好地管理个人财务。综艺直播则通过直播形式,让观众参与到各种娱乐活动中,增加观众的参与感和互动性。

3. "直播 +"

"直播 +"作为一种创新的互联网直播模式,代表了直播与其他行业领域的融合,其中包括"直播 + 教育""直播 + 医疗""直播 + 政务"等多种形式。直播作为一种有效的替代方案,使得人们能够在家中处理众多工作和生活事务。例如,"直播 + 教育"模式通过在线直播课程,打破时间和空间的限制,让更多人能够接受优质教育资源。"直播 + 医疗"通过远程医疗咨询,让偏远地区的居民也能享受到专业医生的诊断和建议。"直播 + 政务"则通过直播政府活动、政策解读等方式,提高政府工作的透明度,增强公众的参与感。这些"直播 +"模式不仅使得人们能够在家中处理众多工作和生活事务,同时也为公众提供便捷的渠道来深入了解各行业。

（二）企业盈利模式优化策略分析

1. 打造新型盈利增长点，深化"直播+"

企业当前盈利结构中，流媒体直播收入所占比重较大，呈现出一定的单一性及不稳定性。一旦用户流量出现下滑，将对企业收入造成显著影响。虽然企业已着手尝试"直播+"模式，但力度尚显不足，需进一步深化对此模式的探索。

近年来，"直播+"模式已成为众多行业拓展市场的有效途径，并积累了大量用户体验。"直播+"不仅能够丰富企业直播的多样化形式，拓展用户群体，吸引各行业爱好者注册成为用户，特别是"直播+电商"模式，更是市场趋势所在。企业可考虑在直播过程中融入电商元素，如推广销售相关周边产品。同时，企业亦可建立自身的电商渠道，销售虚拟礼物以及合作广告商的产品，与游戏企业合作推出游戏及其周边产品，从而开拓新的利润增长点。

2. 巩固价值链核心环节，提升直播管理水平

企业的核心盈利来源为流媒体直播收入。

第一，严格主播选拔标准。提升主播的综合素质及个人能力要求，尤其是在价值观方面，必须确保主播不传播违背社会道德、破坏国家团结的言论。同时，加大对主播的培训力度，规范其言行，提升其整体素质，并在培养过程中进行严格考核，确保合格主播进入直播岗位。

第二，对直播内容的管理亦不容忽视。应加大监管力度，完善主播行为及直播内容的管理制度，并对现有规章制度进行查缺补漏，确保制度落实到位。对于违规内容及违规主播，应加大处罚力度。企业亦应更新内部监管条例，强化内部控制，保障直播环境的积极健康。

3. 横向延伸价值链，吸引潜在客户

通过横向拓展价值链，扩大盈利对象的范围，以吸引新客户。目前，企业

的活跃用户群体相对有限，用户付费率有待提高。通过丰富直播内容、增加社交功能等措施，可增强对潜在客户的吸引力，提升用户付费率。目前，企业直播内容以游戏为主，为吸引更多客户，可继续丰富直播类型。建议企业加强泛娱乐直播内容的开发，并逐步构建企业独特的文化 IP，提升文化 IP 的影响力，以吸引更多用户。

直播的核心在于社交，直播与社交应相互融合。企业应加强直播过程中主播与观众的互动交流，并为用户提供交流互动的平台。例如，企业可借鉴其他直播平台，开发社区产品，使用户能够在此平台上找到志同道合的伙伴，从而增强用户对企业直播平台的依赖感，在吸引新用户的同时，也能留住更多老用户。

4. 推进营利模式多元化

企业直播收入占比过高，不利于企业的长期可持续发展，因此，企业需致力于盈利模式的多元化。

第一，企业可提高广告收入在总营收中的比重。凭借巨大的月活跃用户数，企业具有极强的广告市场吸引力。企业广告收入增长空间巨大。企业可通过与各大品牌商的合作，探索新型互联网直播广告营销模式。

第二，企业应加强与产业链上下游企业的合作，实现产业链的全面布局。与游戏企业的深化合作，不仅可以增加游戏联运收入，还可以通过销售游戏产品拓宽收入渠道。

第三，企业还可以考虑开发新的付费内容和服务，以吸引用户进行额外消费。例如，推出会员订阅服务，提供独家内容、高清直播、无广告观看等特权，从而增加用户的付费意愿。同时，企业可以利用其平台上的大数据分析能力，为用户提供个性化推荐，增加用户黏性，提高转化率。

第四，企业可以探索电子商务领域，利用直播带货的模式，将直播内容与商品销售相结合，创造新的收入来源。通过与知名电商合作，或者自建电商平台，企业可以利用直播的即时互动特性，提高商品的销售转化率。

第五，企业还可以考虑通过内容付费、虚拟礼物、打赏系统等手段，进一步挖掘用户消费潜力。通过优化这些功能，企业可以鼓励用户为喜爱的内容或主播进行打赏，从而增加平台的收入。同时，企业应确保这些付费机制的透明度和公平性，以维护用户信任和平台的长期健康发展。

四、互联网时代下直播电子商务的发展路径

（一）提升产品品质，规范直播购物流程

在直播电子商务的浪潮中，高品质的产品是行业可持续发展的核心动力。直播电子商务平台必须严格把控产品品质，强化直播间产品质量的审核力度，确保每一件产品都符合标准。对于那些销售和宣传不合格产品的主播及其直播间，平台应进行批评教育，并进行相应的违规处罚，以维护消费者权益。例如，对于虚假宣传、假冒伪劣商品等问题，平台可以采取警告、下架商品、封禁账号等措施，确保消费者能够购买到真正优质的产品。

同时，在消费者权益保护方面，直播平台发挥着至关重要的作用。直播电子商务平台应迅速完善主播实名认证制度，构建维权及售后反馈机制，规范购物流程，以此提高消费者在线购物体验，降低消费者流失率。例如，平台可以设立专门的客服团队，处理消费者的投诉和咨询，确保消费者在遇到问题时能够得到及时有效的解决。此外，平台还可以通过建立信用评价系统，鼓励主播和商家提供更好的服务，从而提升整个行业的服务水平。

（二）杜绝流量造假等违规行为，推动行业生态健康发展

随着直播电子商务的高速发展，流量造假现象日益严重，这不仅损害了消费者的利益，也阻碍了电商行业的健康发展。因此，直播电子商务平台应严格遵守相关法律法规及政策要求，坚持开放与管控相结合，完善平台内部监管与处罚机制，加强对直播间内容的监管及对主播违规行为的处理，坚决杜绝流量

造假、虚假宣传、虚假交易等造假行为，为消费者营造一个安全、可靠的互联网消费环境，构建良好的直播生态体系。

（三）提升从业者专业素质，建立专业直播电子商务培训基地

在当前这个短视频风靡的时代，电商主播的数量正以惊人的速度增长。然而，随着直播间流量分配的不均衡，直播中"马太效应"变得越来越明显。这意味着，少数头部主播占据了大部分的流量和关注，而大多数中小主播则面临着激烈的竞争和挑战。这些中小主播除了需要追求个性化、趣味性的直播形式来吸引观众外，更应该重视提升自身的专业素质和知识储备。在直播电子商务这一新兴消费模式中，主播的专业素质和技能可以在短时间内全面展示产品，缩短消费者的购买决策时间，从而节约消费者的时间成本。

电商平台应当加强对主播的规范化管理，尤其是对新晋主播的培训，提升主播的法律意识和规范意识，进而提高直播质量。例如，平台可以定期举办主播培训课程，这些课程可以涵盖产品知识、直播技巧、法律法规等内容，帮助主播提升自身素质。通过这样的培训，主播可以更好地了解如何合法合规地进行直播，同时掌握更有效的直播技巧，提升与观众的互动质量，从而提高直播的吸引力和销售转化率。

此外，各地区应依据当地特色资源，构建专业的直播电子商务培训基地。这些培训基地可以专注于培养职业主播，组建专业的直播团队，并提供稳定的高品质产品供应链等措施，逐步完善直播电子商务生态链。通过这样的专业培训，主播不仅能够学习到如何更好地展示产品，还能掌握如何与观众建立信任关系，以及如何处理直播中可能出现的各种突发情况。同时，培训基地还可以与当地农业部门合作，提供最新鲜、最优质的农产品，确保直播销售的产品质量，进一步增强消费者的购买信心。此外，培训基地还可以邀请经验丰富的主播分享他们的成功经验，为新主播提供实际操作的指导和建议，帮助他们更快地适应直播行业，提升直播效果。

　　总之，通过建立专业的直播电子商务培训基地，不仅可以系统地提升主播的专业素质和技能，还能为直播电子商务行业注入新鲜血液，促进整个行业的健康发展。这不仅对主播个人职业发展有益，对消费者、商家乃至整个社会经济都将产生积极的影响。

参考文献

[1] 毕娅，原惠群，魏翡斐，等 . 电子商务物流（第 2 版）[M]. 北京：机械工业出版社，2020.

[2] 曹益平，蓝荣东 . 电子商务 [M]. 上海：上海交通大学出版社，2022.

[3] 陈平 . 电子商务 [M]. 北京：中国传媒大学出版社，2018.

[4] 陈素芬 . 大数据背景下电子商务物流服务模式的创新 [J]. 商场现代化，2022（10）：49-51.

[5] 成文 . 电子商务中的数据库技术研究 [J]. 数字技术与应用，2015（10）：129.

[6] 丁佩佩 . 电子商务安全的技术分析与研究 [J]. 现代营销（信息版），2019（07）：198.

[7] 丁雪茹 . 对互联网时代电子商务发展规律及其路径的探索 [J]. 商场现代化，2019（10）：47-48.

[8] 樊颖军 . 电子商务数据库技术 [M]. 北京：水利电力出版社，2012.

[9] 范春风，林晓伟，余来文，等 . 电子商务 [M]. 厦门大学出版社，2017.

[10] 郭兴华，董英兰 . "互联网 +"时代电子商务物流发展研究 [J]. 现代商贸工业，2016，37（34）：63-64.

[11] 郝嘉敏 . 互联网直播带货行为的法律规制研究 [D]. 呼和浩特：内蒙古

大学，2023：15-19.

[12] 胡桃，陈德人 . 电子商务案例及分析 [M]. 北京：北京邮电大学出版社，2020.

[13] 王轲 . 基于互联网的电子商务创新研究 [M]. 北京：旅游教育出版社，2021.

[14] 谢明，陈瑶，李平 . 电子商务物流（第 2 版）[M]. 北京：北京理工大学出版社，2020.

[15] 徐君锋 . 电子商务数据库技术 [M]. 北京：北京邮电大学出版社，2008.

[16] 许忠 . 电子商务技术基础 [M]. 上海：华东理工大学出版社，2006.

[17] 周曙东 . 电子商务概论 [M]. 南京：东南大学出版社，2019.